D1699381

Reisen in die ferne Nähe

Unterwegs in Mitteldeutschland

Elmar Schenkel

Reisen in die ferne Nähe
Unterwegs in Mitteldeutschland

Mit Illustrationen des Autors

Connewitzer Verlagsbuchhandlung Peter Hinke

1. Auflage 2013
© Connewitzer Verlagsbuchhandlung Peter Hinke, Leipzig
www.cvb.de
Alle Rechte vorbehalten
Gestaltung: Jochen Busch
Druck: PögeDruck, Leipzig

ISBN 978-3-937799-62-9

Vorwort: Über das Fremdsehen

»... es ist stilvoll und teuer, in ragusa gewesen zu sein, und man kann viel davon erzählen. aber mir gilt, wer in pömbsen war. und wer davon schweigt.« Jürgen von der Wense

Reisen und notieren, was auf diesen Reisen zu erleben ist, ist für mich in den letzten Jahrzehnten fast eins geworden. Es fing an in Japan in den 1980ern, setzte sich in den USA, Indien und Russland fort. Man muß fast von einem Pavlovschen Reflex reden. Die Tage wandern wie Futter vorüber, abends wird gebellt, das heißt geschrieben, sonst ist die Zeit nicht vollständig. Wie auch immer, um das Jahr 2000 beschloß ich, einen Blick auf die nähere Umgebung zu werfen, Sachsen und Mitteldeutschland. Aber es ist schwer, das Nächste aufzuschreiben. Man nimmt es nicht ernst, weil es nicht fremd genug ist. Daher muß man sich in der Kunst des Fremdsehens üben. Wie würde jemand, der aus der Ferne kommt, sagen wir aus Russland, Taiwan oder Argentinien, unsere Zustände beschreiben? Und wie würde jemand von hier diese Beschreibungen kommentieren? Damals habe ich notiert, ohne an ein Buch zu denken. Daher sind die ersten Aufzeichnungen noch etwas skizzenhaft und schauen von außen. Später, als ein Projekt daraus wurde, nahmen die mikroskopischen Proben zu; Menschen fangen an zu sprechen, die zuvor nur aus der Ferne beobachtet oder berätselt wurden. 1993 kam ich von Freiburg nach Sachsen und wußte doch ein Jahr zuvor kaum, wo Leipzig lag. So war das mit der deutschen Teilung. Ein Buch mit Kurzprosa aus dieser Zeit des Findens, *Leipziger Passagen*, half mir beim Suchen. Sieben Jahre später ahnte ich zwar, wo Leipzig lag, aber Sachsen und Umgebung blieben immer noch im Vagen. Zum Glück kam es dann zu einigen Reisen, ob durch Lesungen angeregt, als Wochenendtrips, Wanderungen mit (neu gewonnener) Leipziger Verwandtschaft oder als Pilgerfahrt von Wahren nach Erfurt. Oder ich durfte einer italienischen Freund die Denkmäler Leipzigs erklären. So bildete sich allmählich ein Reiseteppich aus, ein Gewebe aus Tagebuch und Essay. Für mich bleibt Sachsen ein fliegender Teppich, von dem aus die grausame und wunderbare Welt zu besehen ist. Ich war noch nicht in Ragusa, aber ich war in Pomßen, und davon kann ich nicht schweigen.

Viele dieser Reisen hätten nicht stattgefunden oder wären nur schemenhaft geblieben, wäre nicht meine Frau mitgegangen. Ulrike widme ich daher dieses Buch, im Andenken natürlich an Molly.

•|•

Freyburg oder Freiburg (November 2000)

DUNKELDEUTSCHLAND HEISST DIE VERANSTALTUNG AN DER Freiburger Uni, von Studenten organisiert. Man will wissen, wie dunkel der Osten für den Westen geblieben ist. In Freiburg jedenfalls ganz dunkel. Mit Regine Hildebrandt und der aus dem Osten stammenden, jetzt in Freiburg lebenden Hanna Lehmann sollen wir die Gefühle auskundschaften und ein Podiumsgespräch führen. Daraus wird eher weniger als mehr. Am Ende steht in der *Badischen Zeitung*, daß man hierzulande, wo der Blick nach Italien und Frankreich geht, keinen Sinn habe für die Kochrezepte der Regine Hildebrandt, die stark an Omas Milchsuppe erinnern, und auch keinen Sinn für Leipzig als einer Brücke zwischen Ost und West, wie das dieser Schenkel vorschlägt. Nicht mal meine Flasche Wein aus Freyburg an der Unstrut für Freiburg im Breisgau gefiel dem Rezensenten. An diesem Abend lieh sich Frau Hildebrandt zwanzig Mark von mir. Welchem Politiker habe ich je Geld oder auch nur mein Vertrauen geliehen? Am nächsten Morgen, sie war ganz früh weg, lag der Geldschein neben meiner Müslischüssel.

•|•

Der Rote Hahn vom Stechlin (Juli 2001)

LUKAS DER KATER WARTET SCHON AUF DEN NEUEN GAST UND umschleicht meine kleine Ostidylle: ein Bungalow am Rhin, dessen Tür gesäumt ist von diesen flatternden Plastikgirlanden, um ein Gefühl für die Südsee in Brandenburg aufwallen zu lassen. Ich schreibe etwas, breche ab, falte die Welt auf.

> Die Pfarrer in Menz ab 1541:
> Joachim Heiss
> Johannes Schönenberck
> Friedr. Clessius
> Michael Acedarius
> Hermann Kittel
> Zehlicke
> Manasse Stockfisch

Ich habe meine Lieblingskneipe entdeckt hier in Rheinsberg, ein Fischrestaurant am Wasser. Ein Lehrboot zieht vorbei mit fünf, sechs Lernbooten dahinter. Man lernt gerade, was links und rechts auf dem Wasser bedeutet. So wie ich mich freischreiben muß von den letzten fünf Jahren. Die Seen hier sind ja alle miteinander verbunden, höre ich. Schreibend suchen, wie das Wasser fließt.

Das tagelange Rumschieben von Büchern, bevor es auf die noch so kleinste Reise geht. Am Ende stürzt ein Stapel in die Tasche und das war's. Immer ist es aber zu viel. Und der erste Gedanke bei der Abfahrt: Hätten es nicht doch genau die anderen Bücher sein müssen? Wären sie es nicht gewesen, die mein Leben verändert hätten; hätten sie nicht die Reise für alle Zeiten geprägt? Kaum saß ich also im Auto, warf ich alle Buchpläne um (E. T. A. Hoffmann, Jünger, Tomatis usw.) und träumte von einem Gepäck mit Lichtenberg und Grimms Märchen darin. So blöd kann man sein.

Nach diesem immergleichen Ritual frage ich mich, ob es einen Vorgang wiedergibt, den ich vor meiner Geburt erlebt habe. Und ob er sich vor dem Tod wiederholt. Daß eine meiner Aufgaben darin besteht, die Überladung des Lebens zur Einfachheit zurückzuführen.

Vom Auto sah ich eine Wolke wie ein arktisches Eisgebirge, ein ausgefranster Blumenkohl. Das ist der Zustand meines Romans. Herumstochern in Gebirgen aus Dampf. Luftiger ist keine Geometrie.

Im Rhin ist das Angeln streng verboten. Nur im Herbst ziehen die behördlichen Elektrofischer auf und setzen den Fluß unter Strom. Sie fischen per Schock die Salmoniden ab und feiern das auch noch. Im Stechlinsee würden sie dafür vom Roten Hahn bestraft, zumal in ihm ein Fisch schwimmt, der nach Fontane benannt wurde: der Coregonus fontanae. Radtour also an Fontanes See, wo der Hahn (dem Roman nach) ferne Erdbeben anzeigt. Zechliner Hütte. Dort steht das Gedächtnishaus für Alfred L. Wegener, den Polarforscher und Geographen, der die Plattenverschiebung entdeckte. Es ist ruhig in seinem Haus und die Wärterin möchte mir gern den Film *Im ewigen Eis* zeigen. Nein, heute geht es leider nicht, es ist Sommer. Die Kontinente wandern weiter, drei Zentimeter im Jahr, soviel wie der Mond sich von der Erde jährlich entfernt, soviel wie unsere Fingernägel wachsen.

Zufällig läuft am Abend ein Film über den großen Stechlin. Danach kam Orwells *1984*. Hat jemand das Buch einmal psychologisch interpretiert? Die Zukunft hypnotisiert, so daß man das Naheliegende nicht sieht. Wir philosophieren von morgens bis abends über die Vergangenheit und die Zukunft. Die Gegenwart bleibt ein blinder Fleck. Von der Psychologie, die sich in *1984* ablesen läßt, kommt man allerdings wieder schnell in die Politik totalitärer Systeme, die doch allesamt pathologische Familien darstellen.

Es gibt ein Lesen mit dem Ziel, etwas gelesen zu haben. Ein anderes ist es, etwas zu lesen, weil einen der Gegenstand fortträgt. Im Garten hier, in dem meine Hütte steht, ist heute ewiges Hin- und Hergewusel. Da wird geschnippelt, gegossen, geputzt, gekehrt, gemäht und gerichtet. Das Ende, auf das alle diese Tätigkeiten hinzielen, heißt: Grillen und zwar mit Roger Whittaker als Begleitung.

– Der Russe als Mensch, sagt mir der Vermieter, als er sieht, daß ich Russisch lerne, der Russe als Mensch und als solcher ist mir tausendmal lieber als der Ami. Wenn der Russe eine Zigarette hat und du nicht, dann bricht er sie durch und gibt dir die Hälfte. Der Ami dagegen ist das größte Schwein. Die Kippensammler nach dem Krieg, die erzählten, daß die Amis ihre Kippe vor ihren Augen extra zertraten!

– Meine Mutter aber bekam Schokolade von ihnen, sage ich.

– Preußen-Brandenburg, sagt er weiter, hatte die Form eines Adlers. Nur jetzt fehlt der rechte Flügel, der ist in Polen geblieben.

Ich radelte im Wald herum und mietete mir ein Paddelboot. Zwei Stunden auf dem See, mit Russischlektionen im Ohr. Auf dem Wasser merkst du plötzlich, daß du wirklich allein bist.

Im Naturhaus Stechlinsee, wo man mit den Tieren telefonieren kann. Mit gewissen Tieren lässt sich auch um die Wette atmen. Wer taucht also länger, ich oder die Ente? Ich kam nur bis zum Lungenvolumen der Schellente und mußte kurz vor dem Fischotter aufgeben.

Erwin-Strittmatter-Gegend: In Dollgow bei Menz steht der Schulzenhof. Meine Vermieterin kannte Strittmatter. Ihr Bruder hatte eine Kfz-Werkstatt, wo Strittmatter immer erschien, wenn er was zu reparieren hatte.

Am Strand des Stechlin liest eine junge Frau die Autobiographie von Gregor Gysi, wir sind im Herzland der PDS.

Nachmittags zum Wald hinterm Haus. Ich wollte endlich einen Waldweg malen. Die Ungeduld zwingt mich zum Im- oder Expressionismus. Bis auf wenige Ausnahmen sind moderne Maler ungeduldig. Der Wettlauf mit der Kamera nimmt sie in Anspruch, nicht im Sinne von Nachahmung, sondern einzig von Schnelligkeit. Den zuschauenden Büschen dankte ich mit Wasser. Zum Wittwer-See, um zu schwimmen. Der Urlaub hier ist in jeder Hinsicht eine Vorbereitung auf meine große Rußlandreise. Die ungepflasterten Sandwege, die endlosen Wälder, die unkomplizierte naturnahe Einstellung der Leute hier, die Naturseen zum Baden, Tolstois Bart im Birkenwald.

Der kleine Dicke, mit Glatze und *White Power*-T-Shirt.

Auf der Burg in den Wolken (November 2002)

DIE LESUNG IST DIE LETZTE VERANSTALTUNG IN BALDYS Café, das heute für immer schließt. Ein Wiener Café, aber es lief nicht in diesem gottverlassenen Ort, sagt man. Die Wirtin wird verabschiedet, der Kellner bringt den letzten Kaffee und die letzten Wiener Würstchen. Wir sitzen da wie in einer großen Familie. Es kommt noch einer dazu von der Schicht. Viele waren in Leipzig, arbeiten, studieren. Wir sitzen in einer Villa, einem Turm, der über dem Abgrund schwebt. Ein Leipziger Verlagsbuchhändler hat sie sich im 19. Jahrhundert hier auf den Felsen gesetzt, eine bürgerliche Widerspiegelung der Burg. Später will ich meine Rechnung zahlen.

Nein, sagt die Wirtin. Die Künstler zahlen nicht, denn die bringen uns die Leute.

Am Ende räumt ein Zehnjähriger leise und zufrieden die Tische ab. Der Kellner lehnt sich zurück und schaut zu.

Um die Ecke herum steht ein Heim. Für wen? Dahinter im Garten ein Tisch mit Holzpfählen, *in* denen man sitzt, darauf Runenzeichen eingeritzt. Vor dem Heim ein Auto mit umgekehrtem Pentagramm auf der Rückscheibe. Es gibt einen Bäcker, aber der hat meistens zu.

Schaufenster 1: »Weil die Nachfrage so groß ist, bieten wir einen weiteren Termin für unser Hotel Albano in Bulgarien.« Hinweise zum Hotel Albano, Punkt 15: Der Hotelbesuch verpflichtet zum Tragen eines nicht entfernbaren Plastikarmbands während der gesamten Dauer. Schaufenster 2: Zwischen Heizkissen und Schwibbögen aus dem Erzgebirge liegt ein Buch, Dieter Bohlens *Nichts als die Wahrheit*. Acht Jahre später schreibe ich dies aus meinem Notizbuch ab und Dieter Bohlen ist immer noch bekannt, das schaffen nur die ganz Großen, die mit den langen Schatten an den Rockschößen. In der Bäckerei klagt der alte Mann über die Kehlkopfentzündung seiner Frau. Darauf die Bäckerin, dass sie wochenlang nicht schmecken und nicht riechen könnte. Der Hausarzt hat herumgedoktert, doch nichts hat geholfen. Dann sah sie eine Fernsehsendung darüber und schrieb nach Dresden an die Uniklinik. Dort hat man sie nach dieser neuen Methode operiert. »Jetzt kann ich seit drei Jahren wieder schmecken und riechen und der Hausarzt guckt mich nicht mehr an.«

Die Burg. Im warmen, leuchtenden Zimmer ruhen die neuen Westbücher. Draußen auf den Gängen kriechen die alten DDR-Titel auf den Regalen entlang, keiner will sie kaufen.

Ich nehme mir Strugatzki, Ehrenburg und ein Buch über Quacksalber.

Als die Währungseinheit kam, sagt die Bibliothekarin, kamen die Kinder und dachten, die Bibliothek hätte jetzt plötzlich nur noch Westbücher. In vielen Bibliotheken Ostdeutschlands werden DDR-Bände ausgesondert und dieselben Titel mit West-Cover neu gekauft. Denn dann werden sie gelesen.

Sie meint auch, dort, wo die Runen eingeritzt sind, da gehe es nicht mit rechten, also gerade mit rechten Dingen zu. Aber sie hat keinen Zugang zu diesen Jugendlichen. Manchmal kommen sie und wollen Bücher über den Zweiten Weltkrieg. Dann schauen sie sich die Bilder an und sagen, oh geil! Was ist denn daran geil, fragt sie, und sie zeigen der Bibliothekarin das Bild eines gehängten Russen. Die Jugendlichen, die sich dort treffen, sind meist elternlos und haben keine Erwachsenen, mit denen sie reden können. Eine Lücke, die die alten Nazis erschnüffeln wie Schweiß.

Am nächsten Morgen klettere ich mit den Jungs der Bibliothekarin im Steinbruch herum, Kristalle sollen dort sein, vielleicht auch Achate.

•|•

Bücherdorf und Teufelsturm (März 2003)

In Mühlbeck, dem ersten deutschen Buchdorf. 1976 habe ich das Urmodell besucht, Hay-on-Wye, zwischen England und Wales, und damals erhielt ich dort Audienz bei King Richard, dem Herrscher der Bücher. Jetzt bin ich zum zweiten Mal in Mühlbeck, hinter Bitterfeld, und wieder hält die Antiquarin mit dem rheinischen Akzent – »eine waschechte Gesamtdeutsche bin ich« – lange, wenn auch nicht leere Reden. Sie interessiert sich für alles, was ihr über den Weg läuft und in den Regalen wühlt, kriegt schnell meine Interessen heraus und da ich das Buch von Beljajew, *Der Kopf des Professor Dowell*, suche, weiß sie: Aha, Sie sind also Professor! Sie verschwindet kurz und kommt mit einem großen jungen Mann in Jeans und mit einer Tätowierung am Arm zurück.

– Herr Professor, Sie haben jetzt die Ehre, als erster unseren Writer in Residence, unseren Dorfschreiber kennenzulernen: Herrn Clemens Meyer.

Sie hat ein dreimonatiges Schreibstipendium eingerichtet für den Sieger des MDR-Literaturpreises. Ich gratuliere ihm und sage, daß ich bereits siebenmal erfolglos teilgenommen habe.

– Na sehen Sie, wie klein die Welt ist! sagt die Bücherfrau.

Pouch, die Stadt, aus der die DDR ihre Jeans und Nietenkleidung bezog. Immer noch steht der Rote Turm, der wie eine Kreuzfahrerfestung oder die Reste eines Forts in der tatarischen Wüste aussieht: Warten auf die Barbaren. Oben auf dem Turm, in seiner Mitte wölbt sich ein konisch geformtes Teil hervor wie ein stumpfer Bienenstachel. Der Teufel mochte diesen Turm nicht und bewarf ihn mit dicken Findlingen. Man findet sie jetzt nebenan in der Dübener Heide.

– Wenn Sie da oben raufgehen, können Sie das Völkerschlachtdenkmal in Leipzig sehen.

– Das seh ich eigentlich jeden Tag, da brauch ich nicht raufgehen.

– Aber aus der Ferne sieht doch alles besser aus.

Ich gab ihr Recht und kletterte für 1.50 den Turm hinauf, an Schaukästen zur Geschichte vorbei. In einem lag ein schwarzer Schwanz aus Haaren. Er gehört dem Teufel, der hier eine Trinkwette gegen den berühmten Ritter Hans von Pouch verloren hat. Kurz vor dem Ausblick eine Einlassung in der Wand aus dem Jahre 1981:

1000 Jahre Pouch
981–1981
Für die Bürger des Jahres
– 2081 –
Pouch im Juni 1981

In der verträumten Kneipe unter dem Turm, die vor sich hindämmert in einem alten Märchen, sitzt im Schatten der Mauern und Büsche ein Schriftsteller, der fleißig Seite um Seite beschreibt. Manchmal schaut er auf, wenn ein neuer Gast kommt, manchmal schüttelt er den Kopf, wenn ungeduldige Gäste lautstark werden,

Der Rote Turm
bei Pouch

aber abhalten vom Schreiben kann ihn all dies nicht. Wahrscheinlich nimmt er diese kurzen Unterbrechungen als Gelegenheit, eine neue Figur in seinen Roman einzuführen, bestimmte Urlaute und Interjektionen sprachlich umzusetzen in spannungsreiche Dialoge. Wir mögen diesen Autor, der hier in seinem Märchen sitzt und dem der Schweiß rinnt und die Geschichten nur so aus seiner Feder hinausschmelzen, wie das Eis, das der Kellner auf der Anrichte hat stehen lassen. Überhaupt, wo ist der Kellner? Befindet er sich in der Ausstellung im Inneren des verfallenen Schlosses und studiert die Photos vom Tagebau, der hier geflutet wurde? Macht er eine Siesta im Park? Der Schriftsteller muß es wissen, wenn es einer weiß, doch ihn berührt dies wenig, er schreibt. Nur als er aufsteht, sehen wir, daß er einen großen Geldbeutel aus Leder um den Bauch hängen hat: er ist der Kellner, aber bei seinen Abrechnungen mit der Welt darf er nicht gestört werden.

Mühlbeck – Pouch – Plodda – Gossa – Schmerz. Am Dorfanger von Schmerz steht ein Kriegerdenkmal, aber es ist keines. Stattdessen steht auf dem Findling dieses geschrieben:

> Du hast die Schmerzgrenze überschritten!
> Sei willkommen,
> doch denke daran,
> wer einmal diesen Weg genommen –
> Schmerz nie mehr vergessen kann!

Über die sandigen Heidewege, in denen man winterlich hin- und herrutscht, mit dem Rad nach Bad Schmiedeberg, wo ich um sieben ankomme. Das Park-Hotel steht einladend im Ortszentrum. Doch ein Eingang ist nicht zu finden, es wurde vor drei Jahren geschlossen. Stattdessen ist es verrammelt mit Eiscafé und Kiosk. Ich lande in einem anderen Hotel und finde mich abends in einem großen leeren Saal wieder, der wohl einst ein Schwimmbad war, vielleicht für die Jungen Pioniere. Einzig sitzt am Fenster noch ein Pärchen, dasselbe, das gestern abend mit mir in der Kneipe saß. Die große Glasfläche ist umgeben von wild wachsendem Garten und Stille herrscht in Schmiedeberg. Nur nicht in Koko's Café, wo heute Tanz ist und der deutsche Schlager sein lange gefürchtetes Comeback feiert. Am Sonntagmorgen tummelt sich das Kurvolk um den Kiosk am Teich, man holt sich seine BamS oder versendet Spaßkarten in alle Welt, um ihr von diesem Ort in der Heide zu berichten, über den es nichts zu berichten gibt. Nur die naturkundlichen Tafeln im Walde sorgen für Höhepunkte. Der DACHS wird als heimischer, fleischfressender Waldbewohner vorgestellt, umgeben von seinem Menü, das Mäuse, Käfer, Vögel und Schlangen enthält. Neben dem Fleischfresser stehen zwei Gedichte. Das eine lobt den Wald als Arzt für alle menschlichen Gebrechen, ob körperlicher oder seelischer Art. Vielleicht stammt es von dem dichtenden Arzt Eugen Roth. Das andere, das sicherlich nicht von diesem stammt, ermahnt mit mystisch-religiöser Inbrunst den Wanderer, nicht die Waldwege zu verlassen, schon um der Mutterschaft des Wildes willen. Man fragt sich nach den Wanderwegen solcher Gedichte durch die Geschichte, von Försterhand zu Försterhand, von der Verkehrsbürovorsteherin zum Waldhüter und zurück.

»Die Dübener Heide«, schreiben die Gäste aus Osnabrück in einem Leserbrief, »war für uns ein Erlebnis. Wir kommen bestimmt zurück, schon wegen der Elbe!«

Tudorgotik (Sommer 2003)

MAL HABE ICH KEIN AUTO UND GEHE VIEL ZU FUSS. SEIT MEI-
nen Rußlandreisen weiß ich, daß man viel zu Fuß gehen kann. Man
muß nur lernen, die anderen Netze, die der Busse, Straßenbahnen
und Autos, zu ignorieren. Bei dem letzten Fußgang in der winterli-
chen Kälte wurde mir bewußt, wie man sich selbst fremd wird, ohne
es zu merken. Da ich sonst immer durch eine bestimmte Straße mit
demselben Verkehrsmittel fahre, dem Fahrrad, lassen die Beobach-
tungen nach. Es bildet sich ein Film zwischen dem Ich und den
Dingen (das Wort Film kommt von Fell). Jetzt, zu Fuß, tauchen
Erinnerungen auf. Vor fünf Jahren waren wir ein-, zweimal mit dem
Auto hier gewesen, um einen Kollegen zu besuchen. Einen Kollegen, den ich auf bestimmte Weise mit der DDR identifiziere. Der
Kollege ist längst weggezogen. Als ich in diese Gegend zog, dachte
ich nur einmal flüchtig daran, daß er hier gewohnt hatte, in diesem Plattenbau am Rande eines Parks, mit seiner Frau. Mit diesem
Treppenflur, der nach Kohl und nichts roch. Damals erschien mir
die ganze Gegend so durchtränkt von Nichts und Kohl, von Bürger-
lichkeit und SED, daß ich mir sagte: Na, hier in eine solche Gegend
werde ich nie ziehen. Nun bin ich seit zwei Jahren drin und merke
es nicht. Ich bin mir, dem von damals, fremd geworden. Ich bin in
mein eigenes Vorurteil eingezogen und habe mich eingenistet. Jetzt
darf ich wenigstens Vorurteile gegen Eigenheimbesitzer hegen.

Schloß Püchau. Der älteste, historisch erwähnte Ort Sachsens, sagt
die Schloßherrin. Heinrich I., der erste sächsische König, hat ihn
gegründet gegen die Ungarn, die damals im Osten und Südosten
das Reich bedrängten. Heinrich Himmler, sagt sie weiter, habe sich
als Wiedergeburt dieses Königs angesehen und deshalb Quedlinburg nach seinen Vorstellungen eingerichtet. Das Schloß enthält
alle Epochen: Romanik, Gotik, Renaissance, Tudor, Neugotik.
Außerdem gibt es hier die älteste Luftheizung in Deutschland.
Die Grafen waren dem Fortschritt zugewandt. Doch die Fenster

ließ man gegen die revolutionären Meuten von 1848 lieber vergittern.

– Das mit dem Himmler hätte sie nicht sagen sollen, sagt ein Besucher zu seiner Frau.

– Warum denn nicht?

– Na, die haben doch immer Geschichte für sich in Anspruch genommen, die Nazis.

Der Schloßherr tritt als Graf auf, mit gesetzter Rede, aber voller Anstößigkeiten. Sein Federhut wippt und ab und zu zieht er das Schwert. Die Augen rollen. Ist sie noch Jungfer, fragt er so manche jüngere und ältere Dame.

PÜCHAU

Die Kamera des Jules Verne (Herbst 2003)

DAS DREILÄNDERECK – NEIN, NICHT SCHWEIZ, DEUTSCH-
land, Frankreich, wo ich einmal wohnte, auch nicht Holland,
Deutschland, Belgien, sondern Polen, Deutschland, Tschechien –
hat mich schon lange angezogen. Das Wochenende beginnt wie
so oft mit Unentschlossenheit. Ich habe immerhin beschlossen,
nichts im vorhinein festzulegen, sondern zu sehen, wohin mich die
Momente schicken. Also auf Kleinigkeiten achten und nicht einen
großen Plan machen. Ich stelle das Auto im Bahnhof ab. Daraus
folgt, daß ich nicht mit dem Fahrrad losziehen werde. Eher also ins
Gebirge. Es darf nicht zu weit sein, höchstens drei Stunden mit der
Bahn, denn das Wochenende ist zur Hälfte schon verbraucht. Das
Erzgebirge, die Sächsische Schweiz und der Harz kommen in Frage,
doch ich will was Neues sehen. Es bleibt nur das Zittauer Gebirge,
ganz im südöstlichen Zipfel des Freistaats Sachsen. Ich höre Böh-
men, Dreißigjähriger Krieg, Mystik, Niederschlesien, Oberlausitz,
Wallenstein.

Jules Verne habe ich im Gepäck (*Reisebüro Thompson & Co.*). Die
Fahrt geht durch Neustadt Spremberg. In Spremberg, dem anderen
bei Finsterwalde, lebte der große Chemiker Storitz, dem es gelang
sich unsichtbar zu machen, so daß er als Romanfigur im Werk Jules
Vernes arbeiten durfte: *Das Geheimnis des Wilhelm Storitz*.

In Zittau um fünf winkt mir müde eine zerfallene Fabrik zu,
die Robur Werke, klar: benannt nach dem Roman von Jules Verne. Wenige Schritte weiter wirbt die Firma Golem Immobilien auf
großen Plakaten. Das erste Geschäft, das man vom Bahnhof kom-
mend antrifft, ist den Haushaltsauflösungen gewidmet. Wie in vielen ostdeutschen Städten: lange Wege, die vom Bahnhof in die Stadt
führen, sanierte Häuser, leere Schaufenster, aufgegebene Geschäfte.
Ein zielloser Wind treibt sich hier herum und läßt die Leute auf
böse Gedanken kommen. Der Jugendstil an den alten Stadtvillen
drängt ins Mexikanische, die Gesichter und Pflanzen werden zu
Ornamenten, das heißt sie werden geopfert und verzerren sich im

Rausch zu labyrinthischen Geometrien. Der Convenience Shop, der früher gut persisch Kiosk hieß, verkauft neben Lottoscheinen nur noch Kaugummi, Zigaretten und Modellautos. Das Presse- und Buchzentrum, PBZ genannt, wenige hundert Meter weiter, verzichtet auf jegliche Darbietung von Gedrucktem, ein echter Nonbook Shop, wie er im Buche steht. Nicht einmal die Autobiographien der großen Sänger und Fußballspieler werden ausgestellt wie noch in Görlitz oder Wolkenstein. Die Fenster sind dagegen gefüllt mit Hunden, Katzen, Pferden und Blumengebinden aus Steingut.

Der am 25. November 1868 mit Tode abgegangene Herr Senator Philipp Ferdinand Adolph Just, Ritter des Königl. Sächsischen Albrechtsordens in Dresden, setzte in seinem am 1. Juli 1863 errichteten Testamente die Stadt Zittau als Universalerbin seines Vermögens ein und bestimmte 90 000 Taler zu dieser Wasserleitung. Um diese hochherzige Handlung zu verewigen, ist diese aus der König-Johann-Quelle gespeiste Wasserleitung als Senator Just'sche bezeichnet und dieß mittelst dieser Ehrentafel für alle Zeiten verlautbart worden. Zittau, den 24. Juni 1869. Der Stadtrath. Haberkorn, Bürgermeister.

Man möchte einige Worte und Sätze in den Mund nehmen und kauen: »mit Tode abgegangene«, das ist juristisch für »gestorben«. Warum schrieb man nicht: »verstorbene«? Oder war man ihm nicht nur dankbar? War die Dankbarkeit eine pflichtbewußte? Das Testament wurde »errichtet« – es ist nicht nur ein geschriebenes Dokument, sondern schon ein Denkmal, was nicht unwichtig ist im Hinblick auf die Bedeutung der Stiftung. Schon in Görlitz fiel mir das Geheimnis des Erbens und Vererbens in diesem Landstrich auf. Görlitz wird seit einigen Jahren von Grund auf saniert, weil ein unbekannter Geldgeber jedes Jahr eine Million Mark spendet. 1995 fing diese mysteriöse Schenkung an und man ist zwar neugierig, will es aber lieber nicht wissen. Es gibt ja die Geschichte von der Neugier und den Heinzelmännchen. Wird hier eine Schuld abbezahlt, ein Versprechen? In Görlitz wurden auch die Liebesperlen erfunden. Jedenfalls wird die Stadt immer glanzvoller und vielleicht ist es wie in einer Geschichte von Jules Verne (*Das Testament eines Exzentri-*

kers), wo hinter all diesen Ereignissen eine Wette liegt, ein mysteri-öser Einsatz, ein reicher Mann. Kein Zufall vielleicht, daß Görlitz gewählt wurde als Kulisse für die neueste Verfilmung von *In achtzig Tagen um die Welt*; da steht es für das Paris des 19. Jahrhunderts. Eine schlechte Verfilmung, leider.

Der Senator setzt also die Stadt in seinem Testament ein, die Stadt setzt dafür ihm ein Denkmal. Man bedenkt und bemalt sich gegenseitig. Der Tod, der Ritter, das Testament, der Königliche Orden: und nun eine Wasserleitung. Wir sind dort, wo wir immer sind: im Alltag, in der Notwendigkeit, unsere Körper mit Wasser zu bespülen und zu tränken. Wir sind Tiere und daran ändern alle Orden und Stände nichts, sie müssen sich diesem Tiersein beugen und uns und sich mit Wasser versorgen. Doch das Wasser ist jen-seits aller gesellschaftlichen Diskussion, deshalb ist es königlich, denn die Quelle ist des Königs. Dafür darf die Wasserleitung den Namen des geehrten Senators tragen. Freust du dich, wenn nach dir eine Wasserleitung benannt wird? Schließlich der Anspruch der Denkmäler auf die Fülle der Zeiten. Nach fünfzig Jahren sind sie vergessen, immerhin zwanzig Jahre später als Individuen.

Die Hotels sind voll mit Gruppen. Es gibt was in Zittau an die-sem Wochenende. Der elektronische Stadtplan mit den Übernach-tungsmöglichkeiten leuchtet rot auf. Ich wandere zur Grenze hin-ab, da findet sich noch ein Hotel. In »Gabi's Grenzimbiß« werden Trugratten, auch Degus genannt, für einen Euro das Stück ange-boten. Wer sein Fahrrad widersetzlich bei Gabi parkt, ohne Kunde zu sein, muß fünf Euro blechen. Lieber nehm ich fünf Trugratten mit. Der Dritte-Welt-Laden am Ottokar-Platz kann nur weiterma-chen, wenn sich ein Verein bildet, der ihn trägt. Die Indianer stellen Traumfänger für die Ostdeutschen her.

Am Sonntagmorgen, im hellen Sonnenschein, besprüht ein unge-lenker Graffitisprayer die Wand eines heruntergekommenen Hau-ses. Es muß sich um eine Trainingsstunde handeln, eine Einführung in die Grundlagen der Hausverunstaltung. Hinter dem sprühenden

Riesen steht sein Einweiser, ein kleiner Vietnamese, und steuert das Geschehen.

Ich weiß nicht, was ich in dieser stillen Stadt, die saniert ist und doch wächsern-leer, noch tun soll und überlasse mich dem Wind des Zufalls. Er trägt mich auf den Marktplatz, wo sich gerade eine Schützenformation bildet. Es ist nämlich Schützenfest in Zittau. Das Publikum aber hat kein Interesse. Ein Großvater mit seinem Enkel, eine Türkin mit Kind im Wagen, ein Chinese und ich sind die einzigen, die sich das Spektakel anschauen. Das Musikkorps besteht aus Männern, wird aber von einem weiblichen Tambour in Schach gehalten. Salutschüsse, der Verein knallt in den Himmel, die Kinder schreien und weinen und sind nicht mehr einzukriegen, sie sind die einzigen hier, die noch ein historisches Gedächtnis haben, sie wissen, was Schießen bedeutet. Die anderen lassen sich von der groben Schwingung tragen. Der Chinese grinst über die Deutschen, die von einer Frau dirigiert werden. Ein riesiger Boxer bellt wütend die Musikanten an, als sie losmarschieren. Die Herrin hat große Mühe ihn zu halten und ruft immerzu: »Nun sei mal ruhig. Die spielen doch nicht falsch! Die spielen doch nicht falsch!« Normalerweise bellt ihr Hund nämlich nur, wenn jemand falsch spielt. Ich folge dem Zug durch die hallenden Straßen. Aus den Fenstern schauen Nackte, denn es ist heiß. Der Chinese grinst: Die Deutschen sind ein kriegerisches Volk!

Auf einer Tafel fällt groß ins Auge: Unsere Genossen von der SS.

Das sind die herausgehobenen Buchstaben in einer Inschrift, die insgesamt so lautet:

> In diesem Haus wurden 1933
> Unsere Genossen von der SS
> gemartert.

Wir kommen am Friedhof vorbei, in dem eine alte gotische Kirche steht. Ein Schild weist auf das Zittauer Fastentuch, mit dem ich schon gestern nichts anfangen konnte, hin. Also verabschiede ich mich von meinen Trommlern, die mit den federbewehrten Schützen in ein unbekanntes Land ziehen, wo sie Vögel und Feinde vom Himmel herunterholen werden.

Görlitz
Zittau

Zittau besitzt das einzige erhaltene Fastentuch in Deutschland, die Schweiz hat noch zwei, Österreich etwa 17. Man hing sie im Mittelalter und der frühen Neuzeit zur Fastenzeit über die Altäre oder trennte den Altarraum vom Schiff ab. Die Stimme des Priesters war durch das Tuch zu hören, er zelebrierte die Messe hinter einem Vorhang. Dieser Vorhang war zunächst nur Tuch. Der Gläubige sollte Askese üben auch mit den Sinnen. Es war eine Art Bilderverbot, das allerdings bald übermalt werden sollte. In der katholischen Kirche drängen immer wieder die Bilder hervor. Also bemalte man das Tuch oder webte es farbig ein. Zittau hat nun einen komplexen Bibelzyklus, so etwas wie eine Zittauer Bibel. Das Tuch, das in der größten Museumsvitrine der Welt ausgestellt ist, hat eine schwere Geschichte wie die meisten berühmten Gewebe hinter sich. Der Teppich von Bayeux, der die Eroberung Englands zeigte, diente zeitweilig als Plane für einen Waggon. Das Zittauer Fastentuch wurde am Ende des Zweiten Weltkriegs im Wald versteckt, von der Roten Armee gefunden und in vier Stücke zerschnitten, die als Badevorhänge für die Soldaten dienten. Nach der Wende wurde eine Schweizer Stiftung aktiv und ließ das Tuch mit viel Geld restaurieren. Seit einigen Jahren hängt es nun in einer entwidmeten Kirche. Auch diese war dem Verfall preisgegeben. Schon zu DDR-Zeiten gab es Vandalismus. Jugendliche warfen Fenster ein, rissen Grabsteine auf dem umliegenden Friedhof heraus und machten Feuer im Inneren der Kirche. Erst ein Club von Bergsteigern kümmerte sich um das Gebäude und renovierte es so, daß das Fastentuch hier seit 1999 seine Bleibe finden konnte.

An der Franziskanerkirche steht geschrieben: Gott durchschaut ALLES. Die Bibel

Ist die Bibel der Name eines Autors? Oder das Pseudonym von George Orwell, der das Pseudonym von Eric Blair ist? Vor 100 Jahren wurde Orwell geboren und sein Gottesauge war das des Big Brother, der alles sah. In der Kirche, die ebenfalls entweiht ist, tanzen Menschen, vor allem Frauen, einen fröhlichen Reigen. Man kann sich nicht mit allen Prophezeiungen beschäftigen.

Ich trödele durch Zittau, es ist Mittag, ich weiß nicht, ob ich nach Leipzig zurück soll oder nicht, da steht vor mir eine Dampflok. Ich besteige den Zug und finde mich in Oybin wieder.

Ein Grabstein auf dem Felsfriedhof von Oybin.
Dr. Alfred Moschkau 1848–1912. Pionier der Philatelie Deutschlands und deren größter Schriftsteller im 19. Jahrhundert. Bedeutender Heimatgeschichtsforscher und Schriftsteller, Gründer und Leiter des Oybin-Museums sowie des Gebirgvereins Oybin m. Hain. Vertrauensmann der Sächsischen Denkmalskommission. Bedeutender Goethe-Schiller-Körner- u. a. -reliquien- u.- autographensammler, Förderer des Tourismus, des Kleinbahnbaus Zoje (1890), der Naturheilkunde, des Darwinismus, des progressiven Bestattungswesens sowie vieler weiterer fortschrittlicher Werte. Kulturbund der DDR, Ortsgruppe Dr. Alfred Moschkau. Kurort Oybin 8806, 27. 5. 1987.

Unsere wachsende Unfähigkeit, einfach etwas abzuschreiben, unsere Ungeduld. Ständig müssen wir daran denken, wie einfach das mit einem Scanner wäre oder daß wir es abfotografieren könnten. Dagegen war ein großer Teil, vielleicht der größte, der Kultur früherer Jahrhunderte mit dem Reproduzieren beschäftigt. Welche Ruhe ihnen dies neben aller Mühe auch beschert haben mag! Welch meditative Kraft es in die Menschen hineinlegte, welch Ausschaltung des Denkens, welch Zufriedenheit. So geht es uns heute vielleicht beim Rasenmähen oder beim Gameboyspielen.

Wir sagten damals, in den Sechzigern, nicht Jeans, sondern Nietenhosen. Wir alle wollten diese blauen Nietenhosen. Die Dampflok auf der Kleinspurbahn hatte solche Nietenteile, mit denen im 19. Jahrhundert Schiffe und Waggons zusammengehalten wurden. Sie sind Teil der Panzerung, die das Jahrhundert hervorgebracht hat. Dann geriet dieses industriell-militärische Element in die Kleidung. Die Leute wollen sich gerne mit Maschinenverkleidung sehen lassen. Joseph Conrad läßt einen maroden Flußdampfer in *Herz der Finsternis* erscheinen, ihm sind die Nieten ausgegangen. Damit kündet sich schon ein neues Jahrhundert an, in dem der Schmelz die Nietung ersetzen wird.

Ein kleiner älterer Sachse betreibt auf Oybins Felsen eine Camera Obscura. Es gibt eine in Hainichen/Sachsen, wo Gellert geboren wurde, weitere in Prag, Edinburgh, in Portugal, jetzt auch in Marburg. Man kann sie noch an zwei Händen zählen. Ein altes Medium wird wiederbelebt, wie das Panorama in den Panometern des Künstlers Asisi. Wir sind nicht mehr zufrieden mit dem Fertigen und Perfektionierten, wir wollen mit eigenen Augen sehen und Händen fassen, was wie ein Wunder aussieht. Darauf legt der Betreiber hier Wert: keine Elektronik ist im Spiel, alles wird per Hand bedient und ist deshalb viel weniger störanfällig. Oben auf seinem Häuschen ist ein Spiegel angebracht, der das Licht durch eine Öffnung auf einen hängenden Schirm wirft. Man sieht die Blätter der Bäume, die Schärfe gewinnt ab einem Abstand von achtzig Metern. Der Spiegel kann gedreht werden und so erblicken wir den keltischen Kultstein (waren wirklich die Kelten hier?) und den Wald auf der gegenüberliegenden Seite der Schlucht. Aber schön wird es erst, wenn sich etwas ameisenhaft auf dem Schirm bewegt, zum Beispiel Autos und Wanderer, dann entsteht das eigentliche Wunder. Der Betreiber richtet den Blick auf zwei Passanten, die die Treppen zur Ruine ersteigen, stehen bleiben, Schilder studieren und er hat seinen Spaß daran. Der Schirm, zu den Seiten hin abfallend, kann auf- und abbewegt werden, um die Sicht zu bessern. Seine Wölbung muß eine ganz bestimmte Form haben, um die besten Ergebnisse zu erzielen. Als der Betreiber sich einen solchen Schirm anfertigen lassen wollte, stritt er sich mit einem Handwerker herum. Da fuhr gerade ein Trabi vorbei und der Betreiber rief, das ist's! Das Dach des Trabis hat nämlich die ideale Wölbung für einen Schirm. Wenn ich nun einen Trabi sehe, denke ich an die Camera Obscura und frage mich, welche Visionen dieses Auto mit sich trägt.

Die Camera Obscura ist der Scanner der Vergangenheit. Canaletto hat damit seine berühmten Städteansichten in größter Geschwindigkeit herstellen können. Das Bild wird projiziert und nachgezeichnet. In Karl Gutzkows »Säkularia«, seinem Buch über das 19. Jahrhundert, liest man schon über den »Kult der Vervielfältigung«, vor allen Kopiergeräten.

Manchmal entsteht ganz plötzlich Zeit, in einem unerwarteten Moment. Sie schießt heraus wie aus einer Quelle in der Wüste des Keine-Zeit-Habens und erschafft eine Oase. So ging es mir an diesem Wochenende in Zittau und Oybin. Maler wie Caspar David Friedrich helfen uns, Zeit zu gewinnen. Stunden- und tagelang sitzen sie vor dem Objekt – etwa der Klosterruine von Oybin. Durch ihre Geduld werden wir an Zeit bereichert.

– Malen Sie? fragt die Frau in der Bar der Bahn, die von Dr. Moschkau gefördert worden war. Malen Sie die Berge? Sind Sie etwa, sie kichert, so eine Art Schnitzer, der da solche Figuren schnitzt?

– Wird es Ihnen nicht langweilig, frage ich, wenn Sie jeden Tag ein paar Mal die Strecke Zittau-Oybin hin- und herfahren?

– Nicht, wenn Leute in der Bar sind.

– Und was bedeutet eigentlich Teufelsstieg? Auf dem Wirtshaus steht: »Das Toibl kam bei uns zur Nacht, und hat uns großen Spaß gemacht.« Was bedeutet das?

– Steht das nicht in Ihrem Heft drin? gibt sie zurück. Ich hab keine Ahnung.

– In dem Heft steht nur was über die Camera Obscura, oben auf dem Fels.

– Kann man da rein? fragt sie.

– Ja, ich war gerade drin.

Ein Gedicht von Dr. Alfred Moschkau:

> Aus Zittau's blauen Bergen,
> Vom Glockenfels Oybin,
> Mag mit der Wolken Fluge
> Ein Gruß hin zu Dir zieh'n.

Muschelsuche mit Hund (September 2006)

Auf dem Jakobsweg von Leipzig nach Erfurt

SANTIAGO WAR UNS ZU WEIT. DA FIEL UNS EIN REISEFÜHRER in die Hand: der Jakobsweg von Görlitz nach Vacha, quer durch die ehemalige DDR, bis zur alten Grenze zwischen Thüringen und Hessen, genau durch Leipzig hindurch. Hier bot sich endlich einmal Urlaub direkt vor der Haustür an, keine Buchungen, Reiserücktrittsversicherungen, All-Inclusive.

Schon durch die eigene Stadt geht man mit anderen Augen. Man sieht die Arbeiter im Straßenbau, die Feuerwehr, die Arbeitslosen, die zum Arbeitsamt strömen an diesem heißen Septembermorgen. Jeder Tag hat seinen Fluß, und heute heißt er Luppe. Sie führt uns aus Leipzig heraus bis kurz vor Merseburg. Auf einmal stehen wir in Wäldern, die uns nichts mehr sagen, vor einer Königseiche, die heranwuchs, als in Münster der Westfälische Frieden ausgerufen wurde. Irgendwo zwischen Leipzig und Merseburg verlieren unsere Karten ihre Aussagekraft, wir folgen nur der Pilgermuschel mit den zwei Stäben, von frommen Helfern an Masten und Bäume angebracht, eine Tarotkarte in Blau und Gelb.

Zwei Reiher ziehen an dem stillen überwachsenen See auf und ab, die Häuser kauern sich an ein Rittergut. Plötzlich ist der Weg mit einem Gitter versperrt und nur von ferne können wir das frisch renovierte Herrenhaus anstarren. Aus einer Scheune kommt Musik, zwei Steinmetze meißeln an einer Treppenstufe herum. Hinten warten zwei verwaschene Löwen.

– Bitte nicht weitergehen, sonst werden die Besitzer muckelig!

– Das Gut gehört zwei Familien, sagt der Steinmetz, die haben das alles aufgemöbelt. Machen irgendwas mit Computern. Im Dorf erzählt man, da wohne der Bill Gates des Ostens, oder sind es zwei, die den Virenschutz für Microsoft machen.

– Ist doch eigentlich schön, daß die das hier renoviert haben, oder?

– Naja, schon, früher haben wir da aber gespielt, da war es eben am Zerfallen.

In Merseburg holen wir uns nach einer nassen Nacht im Gras den ersten Pilgerstempel an der Neumarktkirche, die dem heiligen Thomas à Becket (Canterbury) geweiht ist. Merseburg kann wieder verzaubern mit Dom und Schloß und dem Blick aus hohen Fenstern und den althochdeutschen Zaubersprüchen.

In Roßbach, wo Napoleon eine Schlacht schlug, ist die Straße aufgewühlt, als seien Schatzgräber mit riesigen Schaufeln auf der Suche nach Gold. Am Straßenrand hängen und sitzen Einwohner wie Kanarienvögel, die auf Unterhaltung warten. Mit der Übernachtung sieht es aber nicht gut aus. Alles ist voll, weil im nahen Freyburg das Winzerfest ansteht. Vielleicht können wir wenigstens in der Grundschule übernachten? Doch da ist gerade das Rote Kreuz mit einer Blutspendeaktion beschäftigt. Ulrike hat schließlich die goldene, die rote Idee.

Wir würden Blut spenden, wenn Sie uns eine Übernachtung besorgen, sagt sie den Rote-Kreuz-Leuten. Wissen Sie, nach einer Spende kann man nicht mehr weit wandern, was meinen Sie? Nach der ersten Verblüffung der Roßbacher, die ein wenig unzufrieden sind mit der heutigen Spenderzahl, bespricht man sich schnell, zückt Handys, ruft Schwägerinnen und Neffen an, bis wir ein gutes Plätzchen auf einem Weingut in fünf Kilometer Entfernung haben. Gut, daß es nach der Spende beim DRK immer was zu essen gibt. Die Dorffrauen haben einen Berg von Fisch- und Wurstbrötchen, Kuchen und Obst aufgestellt. Unsere Molly muß kein Blut spenden, sondern wird stattdessen draußen von der Ortsgruppe Roßbach mit Köstlichkeiten verwöhnt. Die von der DRK gestiftete Taschenlampe hilft uns durch die Nacht. Auf dem Weg zum Weingut spricht uns ein anderer Blutspender an: Ihr müsst morgen unbedingt nach Freyburg auf das Winzerfest kommen. Da spielen wir von zehn bis eins, die Roßbacher Musikanten!

Es war eine gute Idee von Hape Kerkeling in seinem Jakobsbuch, jedem Tag ein Motto zu geben. Motto des Tages: Frisches Blut tut Roßbach gut!

Am nächsten Tag nähern wir uns über die Weinberge der Unstrut-Stadt Freyburg, mit Schloß Neuenburg, Weinkellern, dem Museum des Turnvater Jahn. Wir erreichen den Marktplatz noch vor eins und da spielen gerade unsere Roßbacher auf. Folgerichtig geraten Hunderte von älteren Sachsen, Sachsen-Anhaltern und Thüringern in Trance. Plötzlich unterbricht der Sänger sein Programm mit einer Ansage: »Und dann begrüßen wir die Jakobswanderer, die uns in Roßbach besucht haben! Mit ihrem Hund! Sie haben nämlich bei uns Blut gespendet, ich bin gut informiert, nicht wahr? Sie sind jetzt auf einer Wallfahrt und wollen übrigens nach Mallorca!« Mensch, was sind wir gerührt!

Kaum sieht der christliche Herbergsvater Molly, heißt es, nein mit Hunden auf keinen Fall, ich mache alles mit, aber nicht mit Hunden, und es klingt, als hätten wir ihm ein unsittliches Angebot gemacht. Wir ziehen also weiter Richtung Naumburg, an den Weinbergen vorbei, wo der herbe Saale-Unstrut-Wein heranreift, er gehört zu dieser Reise wie die Bockwurst und der Thüringer Kloß. (In Thüringen gibt es sogar ein Kloßmuseum.) In diesen Weinbergen hatte Max Klinger, der Symbolist der Jahrhundertwende, Werkstatt und Haus, hier starb er an einem Schlaganfall, mit Blick auf das Mittelalter und die sanfthügeligen Ufer der Unstrut.

Auch in Naumburg ist alles voll. Nur am Domplatz ist zur späten Stunde noch ein Hoftor offen, auf dem das Wort *Töpferei* steht. Wir fragen die Töpferin, ob sie einen Hinweis hat für Unterkünfte. Sie schaut uns kurz an, ihr Freund kommt hinzu, dann sagt sie, wir wollten auch schon immer eine Jakobswallfahrt machen, sind bloß nie dazu gekommen. Ihr könnt bei uns übernachten und uns davon erzählen. Das Wohnhaus der Töpfer ist der älteste Wohnturm Deutschlands. Eva, die Berlinerin, hat die Welt gesehen, ist noch etwas fremd in Naumburg, trotz ihres hiesigen Erfolgs. Es scheint, wir werden auf dieser Wallfahrt weder in Kirchen schlafen noch mit Geistlichen sprechen, aber Gespräche gibt es hier in Naumburg allemal, bis tief in die Nacht und morgens zum Frühstück. Evas Freundin kommt dazu und es stellt sich heraus, dass die drei Frauen am Tisch am selben Tag Geburtstag haben. Wenn wir schon nicht frömmer werden auf dieser Pilgerfahrt, so lernen wir doch Menschen kennen, vielleicht sogar etwas über uns selbst. Eva hat gehört, dass der letzte Teil des Wegs bei Santiago sehr kommerziell sei. Da wollen sie doch lieber den Jakobsweg vor Ort begehen. Töpfer sind erdverbunden, sagt sie.

Von Naumburg führt der Weg an der Saale nach Schulpforta in Nietzsche-Land. Nietzsche ging vier Jahre in dem berühmten Internat Pforta zur Klosterschule, wo auch Fichte und Klopstock lernten. Nietzsche war Primus, verlor diesen Status aber, als er beim Biertrinken im Bahnhof von Kösen erwischt wurde. Auf dem Friedhof brennt ein Licht für einen Schüler, der sich nach einem glänzenden Abitur auf die Schienen warf. Hier ist auch das Grab von Ernst Ortlepp, einem Schüler von 1812–1819, der als Säufer und Dichter endete, jedoch von Nietzsche und Freunden verehrt und bewundert wurde. Ein Satz Fichtes definiert das Ethos der Schule in der Eingangshalle: ... *groß und glücklich wäre der Meister, der alle seine Schüler größer machen könnte, als er selbst es war!*

Das Waldgebiet über dem Muschelkalkfelsen an der Saale, dort wo die romantischen Burgen Saaleck und Rudelsburg stehen, ist politisch umkämpft wie alle Romantik. Es ist eine Landschaft, die Emotionen weckt, und stark ist die Partei, die diese Emotionen an sich binden kann: als politisches Feng Shui. Ein Denkmal steht hier neben dem anderen, denn alle wollen den weiten Blick auf Fluß und Land für sich reklamieren. Nach der Wende hat eine studentische Verbindung die meisten Monumente restauriert: Wilhelm I., den jungen Bismarck mit Hund und Korporationsdegen oder die Siegessäule von 1870/71, die man wohlweislich Fragment bleiben ließ. Im Wald lauert ein riesiges Denkmal, das an die Toten des Ersten Weltkriegs erinnert und einen monumentalen brüllenden Löwen zeigt, der von Lanzen beworfen wird. Zu DDR-Zeiten wurden die kriegerischen Verse herausgenommen und das Ganze diente als Versammlungsplatz der Jungen Pioniere.

Wir rufen ein Hotel in Himmelreich an, auf der anderen Seite der Saale, doch nein, bitte nicht mit Hund, wir haben nur allergiefreie Zimmer, wissen Sie. Hunde kommen demnach nicht ins Himmelreich, ein schwerer Denkfehler! Am späten Abend finden wir aber einen Bauernhof, wo man uns mit Hund herzlich aufnimmt. Eine starke Frau aus Speyer hat in dem Nest an der Ilm auf mehreren Höfen Platz für Gäste geschaffen. Wir sitzen auf dem dunklen Hof, essen Döner aus Camburg, und wie die Sterne funkeln über Großheringen!

Zum Jakobsweg scheint es zu gehören, daß Fremde einander sogleich ihre innersten Lebensseiten ausbreiten, ihre Krisen und Wege: die Pilger nehmen es mit auf den Weg.

Von Camburg aus legen wir eine Kanufahrt auf der Saale ein, durch stilles Morgengewässer mit neugierigen Reihern, die uns von Stromschnelle zu Stromschnelle begleiten und von Burg zu Burg, als warteten sie auf unser Kentern.

Die »Weinstraße« von Bad Sulza nördlich an Weimar vorbei wird als wunderbarer Weg beschrieben, still und abseitig, gut begehbar. Wir rechnen mit Weinbergen und Verkostungen, aber es kommt anders. Über abgemähte Mais- und Rapsfelder auf ungeschütztem Feldweg geht es, dann stoßen wir auf die Preußische Truppenstraße, Schilder mit dem Hut des Grafen Bernadotte, verrostete Eisenteile im Boden; es rächt sich, wenn man vom Weg der Muschel abweicht. Aber wir müssen jetzt da durch, gute 17 Kilometer über Hügelkämme ohne Schatten, mal der Blick nach Auerstedt rechts, dort wo vor genau 200 Jahren die Doppelschlacht Napoleons bei Jena/Auerstedt stattfand, zwei Namen, die auf dem Obelisk in Paris stehen.

Stundenlang tut sich nichts, ein Radfahrer taucht gegen Mittag auf, irgendwann kehrt er verzweifelt um aus diesem Staub, der auch russisch sein könnte. Drei Stunden später rattert ein Kombiwagen über den Feldweg, ein Hundefänger! Nichts wie Molly verstecken! Es wird allmählich klar, daß das »Wein« in der Weinstraße nur von dem Verbum kommen kann. So erzählt man es uns auch später in der Dorfkneipe von Rohrbach, die aus einem langen Tisch an der Straße besteht. Ein Krauter nach dem andern setzt sich zu uns, einer weiß von Wespennestern, ein anderer sinniert den Geräuschen der abendlichen Rasenmäher nach. Man erzählt, die Frauen der Soldaten hätten oben auf dem Kamm geweint, als sie Napoleons Schlacht gesehen hätten. 1806 ging hier das Alte Reich ohne Glanz und Gloria unter. Die Kirche im Dorf ist sehr schön restauriert, solche trafen wir viele an. Ist sie denn gut besucht? Ach wo, alle vier Wochen gibt es mal einen Gottesdienst, sagen die Leute. Da mag man jammern über soviel Unglauben, aber eine schöne Kirche ist immer noch besser als eine verkommene. Irgendwas gibt Halt, auch wenn es nur vom Anschauen kommt.

Es sind noch anstrengende Kilometer nach Buttelstedt auf einer alten Betonpiste in der Abendsonne. Vorbei an Laichteichen, durch grünes Abseits, bis wir plötzlich in einer fast jenseitig schönen Gartenwelt stehen, einer Art Hobbitlandschaft, wo alles grünt und leuchtet, wo Schafe zwischen Zelten grasen und Blumen mit Kartoffeln und Beeren um die Wette wachsen. Wir gehen durch den Hexenwald, der jede Wanderung an einem Abend beschließt. Im »Weißen Roß« gibt es diesmal keine Abmahnung wegen des Hundes, sondern im Gegenteil, man hat ein gefliestes Zimmer für Gäste mit Hund. Unten in der Kneipe gesellt sich ein Verkäufer von Schweißgeräten an den Tisch, ein Ostberliner, der aus Chemnitz stammt und mit seiner Firma den Osten bedient. Neulich war er in einem Kabarett, wo es um Ossi und Wessi ging. Er findet diese Ausdrücke inzwischen nicht mehr passend. Die Zeiten haben sich geändert! Mehr interessiert ihn die Himmelsscheibe von Nebra. Im »Weißen Roß« hat sich natürlich wieder Napoleon aufgehalten, ebenso Goethe. Wie Goethe übernachtete Napoleon überall, das sind die übernächtigten Heroen der Geschichte.

In Stedten kehren wir bei »Moni's Kneipe« ein und Moni kommt gleich aus der Garage zu uns, wo sie Kartoffeln verliest. Ja, neulich, sagt sie, kamen hier lustige Pilger vorbei, die Mädels tanzten nach einigen Bieren auf den Tischen, und wir mussten ihnen erklären, wo sie eigentlich schliefen. Moni empfiehlt uns den Kirchturm zur Nacht. Gestern haben da 15 Pilger übernachtet, die aus irgendwelchen Gründen falsch herum auf dem Weg wandern.

Um vier kommen wir im Wasserschloß Ollendorf an, der letzten Station vor Erfurt. Im verfallenen Hof hängen zwar Zettel mit Namen und Telefonnummern, aber man kann auch so hineingehen, denn es ist eines der vielen »open houses«. Wir warten, bis sich am Tor Kinder bemerkbar machen, sie wollten immer schon mal in dieses Schloß hineinschauen. Sie ziehen dann mit uns durchs Dorf und zeigen uns eine Schenke, wie schön, es gibt was zu essen. Die Kinder erzählen, sie hätten einmal in der Schule ein Projekt über dieses Schloß gemacht und darin hätte ja der Napoleon übernachtet. Die alte Kirche ist von einem Friedhof umgeben, auf dem zwischen den umgekippten Grabsteinen Schafe weiden. Ein Kind zeigt auf uns

und ruft: Mama, guck mal, da geht ein Hund mit seinen Eltern! Und die haben ihn nicht mal an der Leine!

In Kerspleben, kurz vor Erfurt, läuft uns ein junger Dackel hinterher, gefolgt von einem keuchenden Züchter: »Halt, halt, haut ihm doch endlich auf den Arsch!« Er ist verzweifelt, dieser Dackel ist ihm schon viermal weggerannt, und überhaupt sind ihm schon drei Hunde gestohlen worden. So haut ihn doch endlich! Sonst kommt er nie zurück! Versteht ihr denn nicht, ein Fremder muß ihn schlagen, sonst geht das nicht. Wir geben einen Klaps, das hilft nicht, aber warum sollen wir auch fremde Hunde versohlen? Zum Glück tritt nun Manuela aus der Garage, Manuela, hau du ihn doch endlich, du weißt das doch! Und Manuela weiß es.

In Erfurt sind wir wieder im Mittelalter, umgeben von Supermärkten und Touristen, aber es gibt das Augustinerkloster, Ruinen, die in die Vergangenheit hineinragen, in eine andere Welt.

Santiago haben wir nicht erreicht, aber dafür sagt das spanische Sprichwort: Der Weg nach Santiago beginnt immer vor deiner Haustür. Ob wir richtige Pilger waren, steht dahin. Aber wir wissen jetzt etwas mehr über unsere nähere Umgebung, samt ihren Einwohnern, samt uns selbst, wir wissen mehr über das Verhältnis des Menschen zum Hund, und das muß fürs erste reichen.

NAPOLEON
IN
OLLENDORF

Polnisches Jahrhundert (April 2008)

ES MUSS EINER DER ERSTEN WARMEN TAGE SEIN, DIESER
Sonntag. Die Menschen gehen noch ungeübt, als führen sie immer
noch Schlittschuh, sie trauen dem Boden nicht, er könnte glatt sein.
Sie verstecken sich in Furchen vor einem möglichen Schneesturm
und gehen nur ganz langsam aus ihrer Deckung hervor. Doch die
Sonne strahlt, wir ziehen an der Elbe entlang. Übernachtet hatten
wir an einem wunderschönen Plätzchen in Dresdens Neustadt, in
einem Stück polnisch-deutschem 19. Jahrhundert: im Kraszewski-
Haus. Es ist eine jener deutsch-polnischen Institutionen in
Deutschland, die sich für Joseph Conrad interessieren. Eine Con-
rad-Ausstellung aus Anlaß seines 150. Geburtstags samt Vorträgen
hatte uns in dieses Kleinod gebracht. Man geht die Neustadt hinab an der Prießnitz entlang und steht vor einem Garten, darinnen
ein altertümliches Haus mit Balkon und Veranda. Im Haus warten
zwei freundliche Damen, eine Deutsche sowie die polnische Leite-
rin. Unversehens verschwindet man in den Welten eines polnischen
Emigranten und Schriftstellers, der heute weitgehend vergessen ist,
jedoch damals auch für Sachsen eine große Bedeutung hatte. Józef
Ignacy Kraszewski wurde 1812 in Warschau geboren; er starb 1887
in Genf. Joseph Conrad wurde 1857 in der heutigen Ukraine geboren, doch kreuzten sich indirekt ihre Wege. Wie Conrads Vater
war Kraszewski nämlich am Januaraufstand gegen das zaristische
Reich in Warschau 1863 beteiligt. Kraszewski konnte der Verban-
nung nach Sibirien entkommen und flüchtete nach Dresden. Hier
wimmelte es von polnischen Flüchtlingen; für viele war die Stadt
nur ein Durchgangslager, für andere aber wurde sie zum Wohnort.
So auch für Kraszewski. Er wohnte in der Pillnitzer Straße und anderen Teilen Dresdens, ging auf Reisen, die er beschrieb, kehrte aber
wieder zurück nach Dresden. 1869 wurde er Sachse (geht das? – also
gut, er wurde sächsischer Staatsbürger). Und schließlich erwarb er
das Grundstück in der Nordstraße, das nun der Erinnerung an ihn
dient. Doch auch in Dresden kam er nicht zur Ruhe, so schön dieses

Grundstück mit seinem Hauch von Melancholie auch war. Man verdächtigte ihn, für den französischen Geheimdienst zu arbeiten – Polen und Frankreich hatten immer eine besondere Beziehung und die deutsch-französische Feindschaft war nach 1871 schlimmer denn je – und verhaftete ihn 1883 in Berlin. Er wurde am Leipziger Reichsgericht zu dreieinhalb Jahren Festungshaft in Magdeburg verurteilt. Später verkaufte er sein Haus und ließ sich in San Remo nieder. Einige Jahre später zog der Erfinder des Dynamit auch nach San Remo, doch er wurde von der französischen Geheimpolizei als angeblicher Spion verfolgt. Kraszewski und Alfred Nobel sind sich jedoch in dem italienischen Badeort nicht begegnet. Das Grab des Polen ist in Krakau. Kraszewski war unglaublich produktiv, er schrieb ungefähr 240 Romane und Erzählungen. Auch das Land Sachsen hat er in einigen Romanen verewigt. Sie betreffen die Zeit, als Kursachsen und Polen eng verbunden waren. Die Romane heißen daher *August der Starke*, *Graf Brühl* oder *Gräfin Cosel*. Aber er hat auch einen »polnischen Faust« geschrieben sowie unterhaltsame Romane und Reisebücher. Nicht weniges steht in seinem Haus an der Nordstraße in Vitrinen ausgestellt, wie überhaupt ein schön-bürgerliches 19. Jahrhundert hervorscheint aus all den Gemälden, Sekretären, Bücherregalen und Divanen. Wir dürfen gar in dem kleinen Häuschen nebenan schlafen, das Gluckern der Priegnitz im Ohr.

Am nächsten Morgen geht's zur Elbe, nicht weit ist es zur Wunde, die ins Ufer geschlagen wird, um einer Brücke Hand und Fuß zu leihen: der Waldschlößchenbrücke. Einen harmloseren Namen könnte eine Brücke gar nicht tragen, und er passt rein stilistisch so schön zu dem Namen einer Fledermaus: die Kleine Hufeisennase. Sie ist keine 4 cm lang, aber hat wenigstens für einige Monate den Bau der bösen Brücke aufgehalten. Nun hackt man munter drauflos, auch wenn es immer wieder Protestaktionen gibt und der Verlust des Welterbetitels der UNESCO ins Haus steht.

An diesem Sonntagmorgen im April herrscht Aufbruchstimmung am Himmel, der Frühling, nein, der Sommer kündet sich an. Im Pillnitzer Schloßpark hören wi. es singen, dann sehen wir es gestikulieren vor einer Kamera. Es ist ein Sänger, der umringt ist von

Zuschauern, doch ihn interessiert vor allem seine Kamera, als singe er vor einem unsichtbaren Millionenpublikum. Als sich die Menge auflöst, fragen wir ihn, was es denn mit seiner Aktion auf sich habe? Er braucht einen Mitschnitt, sagt er, vor dem Hintergrund des Pillnitzer Schlosses. Er wird die CD nach China schicken, denn es sei ja bekannt, daß die Chinesen auf so was stehen und China sei überhaupt der größte Markt nicht nur für Waren, sondern auch für die Kunst aus Europa, und da wolle er doch seinen bescheidenen Beitrag leisten, und wer weiß, vielleicht laden sie ihn dann ja ein?

Die Elbewiesen sind noch voll vom Schlamm und Geröll des Winters, wie Treibgut lagern hier Balken und Plastikteile, Reste von Booten und Trägern auf den Ufern. Man hat das Gefühl, ein langer langer Winter sei endlich vorbei, der Frühling aber wäre eine schwere Geburt und was wir hier sehen, nichts als Plazenta. An einer Mauer ist eine Plakette angebracht: *Schnuff Weber* steht darauf. Es muß sich um den vielgeliebten Affen Schnuff des Komponisten Carl Maria von Weber handeln. Er hatte ihn in Hamburg einem Matrosen abgekauft, seine Frau wollte ihn unbedingt haben, weil er jemand anderem so ähnlich sah. Fipps und Schnuff, die deutschen Affen des 19. Jahrhunderts.

In einem Café kommen wir ins Gespräch mit einem älteren Ehepaar, das hier an den Hängen wohnt und heute von der Sonne an die Elbe gelockt wurde. Sie verurteilen heftigst den Brückenbau, das sei doch etwas, was sich die Reichen dort oben ausgedacht hätten, damit sie leichter über die Elbe kämen. Niemand sonst habe etwas davon.

Heute ist Sonntag und doch hat ein kleiner interessanter Buchladen auf. Ich erstehe die Biographie von E. M. Cioran.

•|•

Nietzsches Bänke (Mai 2008)

DIE DORNBURGER SCHLÖSSER HATTEN ES MIR SCHON LANGE angetan, viel war davon die Rede gewesen in zurückliegenden Jahren, eine Frau hatte mich dort hinführen wollen, doch dazu kam es nicht. Wir kamen damals nicht weiter als Weißenfels, beobachteten einen Roten Milan bei den Villen auf der anderen Seite der Saale, und dabei blieb es.

So also erst jetzt zu den thronenden Schlössern, die aus ihren verschiedenen epochalen Gesichtern heraus auf die Saale hinab schauen, die sich wie die Schlange durchs Paradies dahinwindet, mal träge, mal unbegreiflich. Ich kam mit dem Zug über eine unsichtbare Grenze, bei der sich schlagartig die Grußworte ändern. Morgens noch, in dem fränkischen Gebiet um Lichtenfels, wo sich Hase und Fuchs in der Frühdämmerung noch mit »Grüß Gott« ansprachen, und kurz darauf hinter der Grenze nur noch ein launisches »Guten Morgen« oder verschlucktes »Tach« hervorbrachten. Eines Tages möchte ich mal entlang dieser Grenze pilgern, auf der Suche nach den auseinanderspringenden Gehirn-Synapsen, die so etwas ermöglichen.

Ich hatte auf einem Schloß geschlafen, wo mich ein besorgter Oberlehrer im Ruhestand für den Hausmeister hielt. Er wollte mich einem vermeintlichen Raucher auf den Hals hetzen, denn Rauchen war verboten in diesem Schloß wie überhaupt. Derweilen hatten an diesem Wochenende in Schleswig-Holstein eine Bande von etwa 300 Neonazis einen ganzen Zug in ihre Gewalt gebracht und die Passagiere mit Lautsprecheransagen und Bedrohungen drangsaliert. Gleichzeitig fuhr auf deutschen Gleisen der Zug der Erinnerung herum, zum Gedenken an die Deportationen in die Konzentrationslager.

Aber mein Zug an diesem Sonntag von Franken nach Thüringen war fast leer. Ich saß einer älteren Frau gegenüber, die mich von ihrer Geste her an Rußland erinnerte. Ich legte meine Bücher auf den Tisch, darunter die Märchen der Gebrüder Grimm. Die Frau

legte auch ein Buch auf den Tisch, einen großen Bildband mit der
Aufschrift: Die schönsten Märchen der Gebrüder Grimm.

Lernen Sie Deutsch? fragte sie mich. Wer Märchen liest, muß
man schließen, lernt Deutsch. Sie hatte einen Blumenstrauß dabei
und ich fragte sie, ob sie jemand besuchen wolle. Ja, sie fuhr nach
Erfurt zum Grab ihrer Eltern, es war deren Todestag. Und sie stam-
me aus Kirgisien und ihren Söhnen gehe es jetzt in Deutschland
gut und sie habe kein Heimweh mehr nach Kirgisien. Ihr Mann
liege krank zu Bett in Nürnberg und sie könne nur einen Tag fort.
Dann begann sie, ein Märchen abzuschreiben, zu übersetzen und es
wieder zurückzuübersetzen. Wir warfen ein paar russische Wörter
durch die Luft, es muß an der Stelle gewesen sein, wo die Menschen
Gott aus ihren Grußformeln entfernen, so wie man eine leere Tin-
tenpatrone fortwirft.

Für kurze Zeit beherrscht der Tourist die Landschaft wie Napoleon,
dessen Truppen 1806 über die Dorndorfer Brücke zogen. Ein drei-
eckiger Hut mit der Unterschrift de Bernadotte weist auf diesen Zusammenhang hin. Wir haben ihn schon vor zwei Jahren auf einem
anderen Weg gesehen, er hat uns begleitet, es war die öde Weinstraße von Bad Sulza bis Buttelstedt bei Auerstedt, auf der wir damals
dem Heiligen Jakob nachpilgerten, der hier nie gewesen war. Dieser
Hut ist immer frisch und neu, so verblasst die Erinnerungen sein
mögen, er leuchtet blaugelb die Wanderer an, es ist als zwinkere die
Gegend mit einem Auge. An der Brücke bereitet sich die Bevölkerung auf das alljährliche Entenrennen vor und ein Ansager übt sich
schon ölig und gewandt in seinen Ansagen, wobei er hauptsächlich
Angesagtes von sich gibt. Keiner von uns dreien kennt die Gegend
richtig und so entscheiden wir uns rein intuitiv für den Wegweiser,
der nach Tautenburg zeigt, fünf Kilometer.

Vorbei an flauschigen Wiesen und Pferden in den Wald und irgendwann kommt ein Schild: »Nietzschebank«. Was kann man
auf ihr abheben, welche Kredite gibt einem Nietzsche? Was hat
Nietzsche überhaupt mit Tautenburg zu tun?

Nietzsche gehört zu den Philosophen, es werden nicht viele sein, die eine eigene Geographie hervorgebracht haben, und darin gleicht er eher den Dichtern, die die Lokalitäten heiligten. Vielleicht ist es sein heidnisches Erbe, das diese Verknüpfungen mit den genii loci hergestellt hat, seine griechisch-römische Götterverehrung. Man denke an den Stein im Engadin, den er heiligte, weil er dort die Erkenntnis der Ewigen Wiederkehr hatte; das ganze Gebiet um Sils Maria, die Orte in Ligurien und Oberitalien, Portofino, Genua, Turin, an denen er Genesung suchte. Zu solcher Nietzsche-Geographie gehört auch die mitteldeutsche Landschaft zwischen Naumburg, Röcken, Jena, Weimar und Leipzig. Die meisten Orte habe ich schon aufgesucht. Oft war ich mit Besuchern in Röcken am Grab, einmal im Weimarer Nietzsche-Archiv, mit britischen Science-Fiction Spezialisten ebenso wie mit chinesischen Taoisten. Nietzsche hat allen etwas zu sagen, selbst wenn sie es nicht hören wollen.

Dort wo ich zweimal pro Woche meine Turnstunde abhalte, in der Scherlstraße, einem Ableger der Dresdner Straße in Leipzig, erhob sich bis vor einiger Zeit noch das Haus, in dem Nietzsche während seiner Studienzeit in Leipzig lebte. Er zog von dort fort in die Bernhard-Göring-Straße, die noch nicht so hieß, dorthin, wo später meine Freundin wohnen sollte. Ich finde mich immer in Nietzsches Labyrinthen wieder. Daß dazu auch die Tautenburger Gegend gehört, war mir neu.

Die Bank also, von der man aus dem Waldgestrüpp auf ein kleines Dorf im Tal schaut und daneben eine Erklärung, was es mit dieser Bank auf sich hat. 1882 verbrachte der schon international berühmte Nietzsche ein paar Wochen in Tautenburg. Als der Tautenburger Verschönerungsverein von dem ruhmvollen Philosophen erfuhr, beschloß man, ihm zwei Bänke zu widmen, auf die er etwas schreiben lassen könnte. Wer ist hier »man« und wie ging es genau vor sich? Warum wollte sich ein Dorfpflegeverein mit einem Philosophen einlassen oder gar schmücken? Das verliert sich im Dunkel. Allerdings quartierten sich hier, in der Nähe der Universitätsstadt Jena, öfter geistige Herrschaften ein, so Eugen Diederichs, der Verleger, oder Ernst Haeckel, der Biologe und Philosoph. Jedenfalls muß Nietzsche von den Bänken angetan gewesen sein und schrieb an seine Mutter in Naumburg, sie möge ihm doch bitte zwei Plaketten mit Inschriften anfertigen lassen. Auf der einen Bank sollte stehen: »Der todte Mann. F. N.« und auf der anderen »Die fröhliche Wissenschaft. F. N.«

Es kam nicht dazu, und vielleicht hätte er auch lieber schreiben sollen: »Die todte Wissenschaft« und »Der fröhliche Mann«. Nietzsche war oft so krank, daß er sich immer wieder tot fühlen musste. Dieses Jahr 1882 fällt in die Zeit, als er und Lou Andreas-Salomé sich näherkamen; die hatte allerdings noch ganz andere Eisen im Feuer als diesen Philosophen. Nietzsche und sein Freund Paul Rée eifern um ihre Freundschaft und Liebe, es kommt zu Eifersucht, zu Heiratsanträgen, die abgelehnt werden und anderen Turbulenzen. Jedenfalls reist Lou nach Tautenburg, wobei Nietzsches Schwester Elisabeth als Anstandsdame dabei ist. Sie konnte aber ganz schön unanständig werden, denn auch sie hegte Eifersucht und mäkelte an der etwas losen Moral der Russin herum. Drei Wochen im August wohnten diese seltsamen Menschen in dem kleinen Dörfchen. Nietzsche kam täglich herüber, um Lou zu sehen, die allerdings ebenfalls kränkelte. Wenn man sich nicht sehen konnte, schob Nietzsche Zettel mit Aphorismen unter der Tür durch, und das ist etwas, was man sich bei einer Frau genau überlegen sollte. Er redete auch durch die geschlossene Tür hindurch zu ihr. Schwester Elisabeth fand das alles gar nicht lustig und schrieb an ihre Mutter, sie habe in Tautenburg die Philosophie ihres Bruders ins Leben treten sehen und sei erschrocken. Die Tautenburger Tage führten schließlich zu einem großen Familienkrach in Naumburg und Nietzsche eilte nach Leipzig. Bei Lou war er abgeblitzt.

Auch vor dem Pfarrhaus und dem einstigen Försterhaus sind heute Schilder angebracht, die auf die Logiergäste jener Zeit verweisen. Das Dorf muß eine Zeitlang so recht vernietzscht gewesen sein. Im Gasthaus, wo wir in der heißen Sonne sitzen, während gleichzeitig ein Familienfest drinnen steigt und die Kellnerinnen zur Weißglut treibt, erkundigen wir uns, wo nun Nietzsches Pension gewesen sei. Ja, Sie können sie besichtigen, da auf dem Berg, Richtung Observatorium. Aber schauen Sie nicht zu aufdringlich rein, in dem Haus gibt es nämlich gerade einen Trauerfall.

Die sanfte maigrüne Landschaft spülte uns auf unserer Suche am Spätnachmittag bis nach Naumburg. Wir nutzten die Gelegenheit, um in der Töpferei am Dom vorbeizuschauen, bei dem freundlichen Töpferpärchen, das uns vor fast zwei Jahren Obdach gewährte. Sie saßen im Hof und erholten sich mit anderen von einem Kinderfest. Wir erkannten uns nicht sofort, aber dann um so besser. Wie damals stand der Wein trinkbereit auf dem Tisch und wir tranken ihn aus den schönen Keramikbechern. Und was war nicht alles passiert in den letzten beiden Jahren. Am Ende kauften wir schöne große Tassen. Vor allem aber waren wir alle froh, daß sie damals so gastfreundlich waren.

Der doppelte Napoleon (Januar 2008)

JETZT IST ES WINTER, KURZ NACH NEUJAHR, UND WIR SIND
auf eisglatten Wegen um Jena herum. Zur Sternwarte ging's hinauf
durch mehrere abschüssige Täler auf eine Hochebene, von der aus
Napoleon seine siegreichen Züge besah. Im »Grünen Baum zur
Nachtigall«, ein Wirtshaus, das hier in der Nähe stand, wo sich
nun ein napoleonisches Museum befindet, da herrschte der Wirt
Walter Lange. Dem Genie wie dem Tyrann wetterleuchtet immer
sein Doppelgänger. Was Chaplin für Hitler, das war Lange für
Napoleon. Er ähnelte ihm vom Äußeren her und das wusste er zu
nutzen. Eine Postkarte zeigt ihn als Napoleon auf dem Edelsitz
Cospeda. Schwer hängt er auf dem Stuhl, so wie den Kaiser Paul
Delaroche malte, »zu Fontainebleau am 31. März 1814 nach Emp-
fang der Nachricht vom Einzug der Verbündeten in Paris, 1845.« In
dieser Pose ließ sich auch der Napoleon der Erfinder, Thomas Alva
Edison, fotografieren, nach schwer durcharbeiteter Nacht, mit zehn
neuen Patenten an jedem Finger. Vom Napoleon des Verbrechens,
dem Dr. Moriarty, liegt bislang ein ähnliches Foto jedoch nicht vor.

Gerne kamen die Studenten aus der Universitätsstadt hinauf,
um sich im »Grünen Baum« von Lange napoleonisch unterhalten
zu lassen. Lange machte seine Späße noch zu DDR-Zeiten, er lebte
von 1887 bis 1969. Aus den von ihm gesammelten Gegenständen der
napoleonischen Zeit entstand das heutige Museum. Es scheint, daß
gerade der Beruf des Wirtes eine Reihe von Napoleoniden hervorgebracht hat, als verkörpere ein Wirt die Kehrseite eines Tyrannen
und Herrschers von Europa. Der Wirt ist mit kleineren Siegen zufrieden, ihn freut es, wenn ein paar Gäste glücklich sind. Der Wirt
ist dienstbeflissen, schlagfertig, ein großer Psychologe und Men-
schenkenner, aber vor allem Menschenfreund. Denn immer will
der Wirt den Menschen etwas geben. Auch Napoleon wollte geben,
doch mußte er um ein Vielfaches nehmen, bevor er geben konnte.
Und so ist der Wirt das leuchtende Gegenstück zu einem finsteren
Fürsten. Mindestens in München gibt es einen weiteren »Napo-

leon der Wirte«, den Richard Süßmeier, der den Strauß und viele andere gut kannte und, nachdem er von seinem Wirtssockel herabfiel, ein gesuchter Festredner wurde. Vielleicht sollte man auch von den Wirten wegkommen. Vielleicht nämlich gilt allgemein, daß die Großen, ob im Guten oder Bösen, zur Simulation verleiten. Jeder simuliert sie gern und man sollte dabei daran denken, daß das Wort simulieren mit dem lateinischen Wort für Affe, simius, verwandt ist. In Indien gibt es Werkstätten, da kann man sich Clinton- und Leninbüsten, Stalinstatuen und Goethes bestellen. Man muß nur ein paar Fotos einschicken, damit die Künstler sich ein dreidimensionales Profil erstellen können. In einer berühmten Sherlock-Holmes-Geschichte ist das verbrecherische Geheimnis verbunden mit einer Reihe von zerschlagenen Napoleonköpfen aus Gips.

Trotz zweier Weltkriege und zwei Jahrhunderten liegt Napoleon immer noch über vielen Landschaften Europas wie ein Befreiungstraum, der in einem Trauma endete. Napoleon erweist sich als der Zusammenhang Europas, ein verfrühter Versuch, Europa zu einigen. Das mag in Ordung gehen, aber mich irritieren doch die französischen Kürassiere. Sie tragen auf ihrem Helm einen langen Pferdeschwanz. In Sascha Guitrys berühmten Napoleonfilm tritt so einer in das Zelt des Herrschers und man denkt, es trete ein halbes Pferd in das Zelt oder der Mann trage auf dem Kopf einen Pferdehintern. Es hat etwas Barbarisches in einer Zeit, die doch auf gute Sitten pochte, jedenfalls manchmal.

•|•

Gartenlaube (Mai 2008)

Nach einer durchtrunkenen und durchtanzten Nacht bleibt einem nicht viel anderes übrig, als soviel auf den Beinen herumzulaufen, wie es nur geht. Bis der letzte Kater durch die Fußzehen entlaufen ist, muß man die Erde beklopfen. Und es blieb uns heute auch nichts anderes übrig, als von diesem Spaziergang durch den Südosten Leipzigs, durch Neuverwilderung, Findlingswege und Kliniken von dem gut sortierten Weg abzukommen und uns in die wahre Wildnis der Schrebergärten fallenzulassen. Sie leuchten so grün und so wahnsinnig mit ihren Fähnchen und beschnittenen Hecken, mit den gefegten Wegen, wo noch das Radfahren verboten ist, sie leuchten mit ihrer seligen Ordnung in dieses ungeordnete Universum hinein, der Aufschrei von Optimisten im Angesicht der Entropie. Und da bewegen sich die fleißigen Inhaber und Besitzer, die frommen Gärtner und die bissigen Bademeister in ihren Modellbauten und Modellgärten, in selbstgemachten Puppenstuben und Puppengärten gehen sie aus und ein, daß es nur so seine Freude hat. Ein großes Paradies des Spiels, das ernster nicht sein könnte, wenn man nur einen Blick auf die Gartenordnungen wirft. Schrebergärten sind Parallelstädte, Satellitensiedlungen, die lautlos und mit viel Grillrauch den Planet Alltag umschweben. Eine Dunstwolke des Andersseins, das ähnlicher nicht sein könnte.

Es ist aber nicht immer Spiel. Das Paralleluniversum, in das wir hineingerieten, war die Siedlung »Am Kärrnerweg«. Gut ißt man im Vereinshaus, wo sich die Leute in dem holzgetäfelten Saal an mächtigen Tellern bewähren. Zirka sechs Hinweistafeln belegen, daß hier schon oft, und zwar viermal von demselben Spieler, ein Grand Ouvert hingelegt wurde. Wir rutschen daraufhin in die echte Dschungelwelt der Gärten hinein. Hier wurden über die Jahrzehnte individuelle Baustile gepflegt, vom Märchenhäuschen bis zum Zwergenschloß, von der Schlumpfhütte bis zur herrenlosen Klause, die schon im Gras versinkt. Das Meer der Zeit schwappt in diesen Gärten besonders heftig und ausdauernd und schnell macht sich die Wirkung bemerkbar. So heißt es immer ankämpfen gegen die Zeit, die Natur und die Überwachung. Nieder mit dem Überwachungsstaat, heißt es hier. Aufmerksam muß der Gärtner die grüne Oberfläche der Zeit beobachten und sobald er ein Loch bemerkt, ist dies zu stopfen. Doch in diesem Spiel bleibt der Gärtner der Hase, während die Natur die Rolle des Igels übernimmt.

Ein solcher Pfosten in der strömenden, alles wegreißenden Zeit ist die Museumslaube. Mit bescheidenen Mitteln wird hier dem Vergessen Paroli geboten. Die Laube ist ein Holzbau aus dem Jahre 1929, der in liebevoller Kleinarbeit restauriert wurde. In dem grünen Bau mit buntfenstrigem Erker ist sauber die Vereinsgeschichte nachgestellt. Wie Insekten aufgespießt etwa die ganze Phalanx der Vereinsvorsitzenden als Fotoserie. Auch wütete einmal ein Streit, ob die Anlage, die einst anders hieß, dann von den Faschisten oder Kommunisten in »Am Kärrnerweg« umbenannt wurde. Heute ist es eindeutig erwiesen, daß es die Faschisten waren, weil man in der Nazizeit verschiedene Anlagen zusammengefaßt hat. So legt sich Zeit wie säuerliche Milch auf die Dinge und Menschen und trocknet sie aus. Heute weiß keiner mehr genau, wie es war, als die Nazis das getan haben. Heute gibt es 38 900 Kleingärten in Leipzig, mit anderen Worten an jedem von uns haftet das Zehntel eines Kleingartens, vielleicht eine Regentonne, eine Hecke und zwei Meter Rasen. Wer Glück hat, an dem haften die Gartenzwerge und die Grillecke, wer Pech hat, muß ständig Unkraut aus sich herauszupfen. Jedenfalls ist Leipzig Spitzenreiter in Deutschland, denn in anderen Städten heften sich nur ein Zwölftel oder ein Fünfzehntel Schrebergarten an den einzelnen Passanten, was unter Umständen Vorteile haben kann. Wer will schon gern mit mehr als einer Gießkanne durch die Fußgängerzone laufen? Der erste Kleingarten Deutschlands tauchte 1814, andere sagen 1806, unverhofft an der Schlei auf, in Norddeutschland. In Leipzig begann man Kleingärten einzurichten während einer Hungersnot, das war 1832. Schrebergärten sind nicht nur Rückzugsort, sondern auch Überlebensorte gewesen. Der erste Kleingärtnerverein erhob sich 1864 in Deutschland – die Jahreszahlen sind umstritten. 1853, im Geburtsjahr van Goghs, kamen die Medien (das sind Geisterboten) dem Bedürfnis einer wachsenden lesefähigen und lesen wollenden Kleingärtnerschaft nach und erschufen die Familienzeitschrift *Die Gartenlaube*. Nietzsche war damals neun Jahre alt und wohnte vor den Toren Leipzigs in der Naumburger Gegend. E. Marlitt verdankt der *Gartenlaube* ihren sterblichen Ruhm, aber vielleicht war es auch umgekehrt.

Es war schwer, den Schlüssel zu finden, der uns den Ausgang aus diesem Paralleluniversum wieder öffnen könnte, der gute Vereinsgeist war mit seinen Geschichten gar nicht mehr zu bremsen. Wie sagt man einem Menschen, der so viel weiß, daß man jetzt aber weggehen muß? Wohin mit all dem Wissen? Wir gingen durch die Wildnis nach Hause und die Wildnis entschuldigte sich nicht.

•|•

Okkulte Gassen (Mai 2008)

Schon lange dämmerte mir, dass Leipzig nicht nur in einem materiellen Sinne eine große und reiche Stadt ist oder wohl besser war. Leipzig erschien mir in Momenten der Vision als eine wahre Kapitale in der übernatürlichen Welt, eine Hauptstadt der vierten Dimension. Viele Karawanen von Wissens- und Erkenntnisdurstigen zogen durch die Jahrhunderte zu diesem unsichtbaren Leipzig. Dort übte man sich im Tischerücken, in der Freimaurersymbolik, in der Feuerbestattung und im Vegetarismus, man hielt sich auf Friedhöfen auf oder widmete sich der praktischen Zauberei. Auch die großen Wissenschaftler ihrer Zeit waren sich nicht zu fein, sich Gedanken über Gespenster zu machen. Wilhelm Wundt und Gustav Theodor Fechner, zwei Begründer der empirischen Psychologie, nahmen an Séancen teil, wobei sie ihre kritische Einstellung jedoch nicht ablegten. Aber sie verwarfen auch nicht von voneherein dergleichen Übungen. Das, scheint mir, zeichnet den echten wissenschaftlichen Geist aus: Unvoreingenommenheit, welch ein langes Wort für eine einfache Sache. Nicht immer sich voraus sein wollen, nicht eingenommen sein wollen, sondern die Phänomene konfrontieren. Leipzig war auch Schauplatz eines wüsten Kampfes zwischen Befürwortern und Gegnern jener vierten Dimension. Der Astrophysiker Johann Karl Friedrich Zöllner (1834–1882), der in seinem Fach immerhin Großes geleistet hatte, suchte nach Beweisen für die vierte Dimension als einer Art übernatürlichem Raum, sozusagen einen indirekten Gottesbeweis. Dieser gute Wunsch trieb ihn aber leider in die Hände von Scharlatanen. So lud er einen aus Großbritannien flüchtigen Trickspieler, den Zauberer Henry Slade, ein, gewisse Experimente in Leipzig vor Publikum durchzuführen, um damit einen Nachweis der vierten Dimension zu erbringen. Slade trat vor hochkarätigen Gelehrten auf. Während die meisten skeptisch wurden bei seinen geheimnisvollen Tafelschriften oder kunstvollen Knotenlösungen, blieb Zöllner ein sturköpfiger Verehrer des Herrn Slade. Darin stand er allerdings nicht allein. Denn

Slade wurde auch von jemandem verteidigt, der als der Schöpfer des größten Detektivs aller Zeiten gilt, Sir Arthur Conan Doyle. Mochte seine Figur Sherlock Holmes auch der Inbegriff von Rationalität, Nüchternheit und Skepsis sein, so verfolgte sein Autor doch ganz andere Pläne. Noch als der Detektiv auch behauptete, seine Agentur stehe auf dem festen Boden der Realität und Gespenster bräuchten gar nicht erst anzuklopfen, korrespondierte sein Schöpfer schon längst mit dem Jenseits. Und dieses Jenseits hatte Fuß gefaßt in der sächsischen Universitätsstadt Leipzig.

Gustav Theodor Fechner hatte sich nach einer schweren psychosomatischen Krise, die möglicherweise durch übermäßiges Messen entstanden war, der anderen Welt zugewandt: dem geistigen Leben der Pflanzen, den überirdischen Welten und den Welten nach dem Tod. Immerhin hängte er die Wissenschaft deswegen nicht an den Nagel. Zweimal die Woche komme ich an seinem Haus vorbei und ich sehe ihn gebeugt am Fenster stehen und den Kopf schütteln über die Dinge, die sich dort draußen abspielen: schwirrende Maschinen, die tosend vorbeiziehen, pferdelose Kutschen, drinnen sitzen Kutscher, ja die erkennt man vage, weil sie so schnell wieder weg sind. Alles ist plötzlich da und wieder fort. Einige Häuser sieht er, die erinnern ihn an seine alten Tage, als sie hier gebaut wurden und der Stadtteil Reudnitz immer mehr seinen Vorortcharakter verlor. So würde die ganze Welt überbaut, stellt er sich vor, und ihre Gerüche sind ohnehin verflogen. Was Seele hat, riecht auch. Am Himmel sieht er künstliche Streifen, es ist, als schrieben die Menschen ihre Botschaften jetzt an die Zeltdecke der Erde. Manchmal fliegt dort ein gewaltiger Vogel. Fechner will nicht mehr aus seinem Haus, er ist der ewige Beobachter. Er notiert sich alles sorgfältig in ein Büchlein, als würde er eines Tages in ein fremdes Land fahren und müßte den dortigen Bewohnern erklären, was sich auf unserer Erde tut.

Er war lichtempfindlich und musste mit einer Maske spazieren gehen. Er konnte kaum noch essen, der Tod war nah. Eines Tages brachte ihm eine Verwandte etwas Leichtes zu essen, Schinken, speziell zubereitet. Sie hatte das Rezept geträumt. Mit dieser wie vom Himmel gesandten Speise begann er wieder Mut zu fassen und

Schritt zu nehmen in der Wirklichkeit. Von nun an würde er die andere Seite der Welt mitbedenken, auch als Wissenschaftler.

Auf Fechner geht nun die Idee zurück, die vierte Dimension sei die Zeit. H. G. Wells' *Zeitmaschine* von 1895 ist ebenso wie Einstein möglicherweise ein ferner Nachfahre von Fechners Phantasien über die vierte Dimension (»Was ist die vierte Dimension?«, veröffentlicht unter dem Namen Dr. Mises).

Über Jahrhunderte war Leipzig ein Begriff für Gelehrtheit und Professorentum. Professoren durften gerne viel wissen, doch irgendwann mußte man ihnen diese Besserwisserei heimzahlen. In Ambrose Bierces Geschichten über das Verschwinden (der Autor verschwand eines Tages selbst) gibt es zum Beispiel einen Leipziger Professor, der verschiedene Theorien über das Verschwinden hat. Einen Professor für Verschwindungskünste gab es tatsächlich in Leipzig. August Ferdinand Möbius brachte eine Seite zum Verschwinden mit seinem Möbius-Band. Wer auf diesem wandert, wird feststellen, daß er immer auf derselben Seite bleibt. Man sieht jedenfalls, die Leipziger Universität war immer schon ein Einfallstor: ein Tor der Einfälle, aber auch ein Tor, durch das sich merkwürdige Theorien Einlaß verschafften.

An diesem Abend treffen wir uns, das heißt eine Gruppe von Studenten der Religionswissenschaft und einige Gäste, darunter aus Berlin Helmut Zander, Autor der ersten großen historischen Darstellung der Anthroposophie. Herr Mürmel wird uns führen, er ist die größte Autorität vor Ort, was die lokale Geschichte des Okkultismus angeht. Von der Nikolaikirche ziehen wir los, um Spuren »devianter Religionen«, wie es so schön bei den Religionswissenschaftlern heißt, zu finden. Einige ziehen den Begriff »alternative Religionen« vor, andere reden schlicht von Esoterik, Sekten und Spinnern.

Wir stehen vor »Barthels Hof«, wo in den 1920ern der Orden des Sterns seinen Sitz hatte. Die Menschen, in ihrer unersättlichen Sucht nach Heraldik und Bildern, pflücken sich die größten Dinge dieser Welt und stellen sich darunter. Die sich unter diesen Stern

stellten, waren Anhänger des indischen Seelenführers Krishnamurti. Dieser war als Junge an einem indischen Strand entdeckt worden
von einem britischen Theosophen, der möglicherweise päderasti-
sche Neigungen hatte. Der Knabe strahlte eine solche überirdische
Schönheit aus, daß man ihn zum Messias einer künftigen Welt
machte. Er wurde zum Hoffnungsträger der Theosophen, die sich
von Indien her eine neue Weltreligion herbeisehnten, in der Karma
und Evolution, Ost und West vereint wären. Doch als Krishnamurti
heranwuchs, verlor er seine Bereitschaft, eine solche Rolle zu spielen.
Als junger Mann kehrte er sich von den Theosophen ab und begann
nach und nach eine eigene weltweite Gemeinde aufzubauen. Seinen
Anhängern predigte er Unabhängigkeit, ja Freiheit von Gurus und
Sekten, er lehrte die Selbsterfahrung und die praktische Arbeit an
sich selbst. Bis heute findet man überall seine Bewunderer. Man
kann die Reden des Meisters auf Kassetten kaufen und damit beginnt vielleicht die nächste Abhängigkeit.

Während ich dies schreibe, schaue ich auf den schrumpligen
Zettel, den ich mir bei dem Spaziergang als Notizblatt mitgenom-
men hatte, kreuz und quer gehen da die Buchstaben, und ich kann
nur hoffen, daß das Blättchen nicht ein völlig verdorbener Spiegel
geworden ist von dem, was Herr Mürmel so kenntnisreich vermit-
telte. 1903, steht da, war über der Kneipe Spizz, gleich nebenan also,
der Sitz der ersten Buddhistischen Gemeinde Europas. Der deutsch-
stämmige Amerikaner Charles Theodor Strauss war 1893 der erste
weiße Buddhist und zog von New York nach Leipzig. Der Begründer des »Buddhistischen Missionsvereins für Deutschland« war
der Leipziger Religionsphilosoph und Indologe Karl Seidenstük-
ker, der unter dem Pseudonym Bruno Freydank einige einflussrei-
che Bücher schrieb. Darunter war ein Buch, das Leo Tolstoi las und
lobte: *Die Greuel der christlichen Zivilisation* (1903). Freydank versuchte noch manch andere buddhistische Gründungen, darunter
eine altbuddhistische Gruppierung, was auf allerlei Spaltpilzerei in
der Bewegung schließen lässt. Wahrscheinlich war er am Ende völlig frustiert, denn der Sohn eines protestantischen Pfarrers wurde
in seinen späten Jahren zu einem praktizierenden Katholiken. Man

sagt, aus diesem Grund hätten die deutschen Buddhisten darauf verzichtet, ihrem Gründervater einen Nachruf zu schreiben.

Unser kleiner, neugieriger Haufen zieht weiter durchs Barfußgässchen mit den Kneipengästen, die nicht wissen, wohin sie starren sollen, und im Vergleich zu denen, die einst gläubig bis fanatisch ein Stockwerk höher tagten, kann man sagen, daß letztere wenigstens das wußten. Über Zills Tunnel war im 19. Jahrhundert die Wohnung des Vaters eines Menschen, der weltweit großen Einfluß auf die Religionswissenschaft haben sollte und nach dem heute in ganz Indien die Goethe-Institute benannt sind. Sie heißen dort nämlich nicht Goethe-Institut, sondern Max Mueller Bhavan (Haus). Der Vater Max Müllers war eine bekannte Leipziger Figur, befreundet mit Mendelssohn und einem Apothekergehilfen, der gleich um die Ecke in der Hainstraße praktizierte und den Namen Theodor Fontane trug. Wilhelm Müller dichtete unter anderem die »Winterreise«, die von Schubert vertont wurde. Er starb mit 33 Jahren. Sein Sohn ging zur Nikolaischule und studierte anfangs in Leipzig, wo er seine Liebe für den Orient entdeckte. In Oxford wurde er zur führenden Kapazität auf dem Gebiet der Vergleichenden Mythologie und des Sanskrit. Der englischen Königin erteilte er Privatunterricht in dieser schwierigen Sprache. Als Übersetzer gab er 50 Bände mit den heiligen Schriften Asiens heraus (*Sacred Books of the East*) und seine Mythentheorie wird bis heute diskutiert. Er schrieb auch einen Roman mit dem Titel *Deutsche Liebe*. In Deutschland weiß man nichts von dieser Liebe, aber in Korea scheint es das meistgelesene deutsche Buch zu sein.

Wir gehen in die Lessingstraße, wo sich das Haus der Esoteriker befand. In der Nazizeit wohnten oben die Astrologen, unten saß die Gestapo. Am Kolonnadenplatz weilte eine Zeitlang der Gründer einer weiteren Schule, Carl Huter. Huter wurde 1861 bei Hildesheim geboren und erlernte die Porzellan-, Porträt- und Dekorationsmalerei. 1882 entwarf er ein Schema zur Berechnung der Harmonie zwischen zwei, drei und mehr Menschen. Ein Jahr später benutzte er den Begriff der Kallisophie als einer Lehre der ethischen Schönheit. Er studierte die Ausdrucksformen des Menschen als einen Zugang zu dessen Inneren. Also beschäftigte er sich mit Mimik, Gesichts- und Schädelform und anderen äußerlichen Erscheinungen. Auf einer Reise nach Braunschweig fesselte ihn das Gesicht und die Gestalt eines Mädchens, in das er sich unglücklich verliebte. Die Medizin wußte keinen Rat gegen seine Krankheiten und so stellte er ein eigenes Gesundungssystem auf, das auf dem psychophysiognomischen Grundgesetz aufbaut. Die Ärzte waren ihm nicht wohl gesonnen und er mußte zahlreiche Strafprozesse über sich ergehen lassen. Er gründete den Arminius-Verlag und veröffentlichte Schriften wie *Der Wert von Ruhe und Schlaf* oder den Gedichtband *Die Glocken aus dem Cheruskerwald*. 1908 trennte er sich von seiner Familie und mietete Räume im Zentrum aller Sekten und Denker, in Leipzig also, an. Die Kallisophie war zweifellos ein Gewinn für die Wissenschaft, doch Geschäfte ließen sich nicht recht mit ihr machen. Innerhalb eines Jahres, von 1909 bis 1910, gründete er in Leipzig drei Institute: erstens eine freie deutsche Hochschule für psychologische Forschung und vergleichende Natur- und Religionswissenschaften, zweitens ein psychologisches Untersuchungsinstitut und drittens ein psychologisches Museum. Wenige Monate später mussten diese Institute wegen finanzieller Probleme wieder geschlossen werden. Huter war ein Kritiker der Kaiserzeit und schuf sich manchen Feind. Unter anderem prophezeite er 1906 schreckliche Kriege. Für den Naturapostel Gustaf Nagel, der psychiatrisch behandelt werden sollte, setzte er sich mutig ein. Sein letztes Buch erschien 1911 und trägt den Titel *Aus eigener Kraft*. Von Pinsel und Palette zur Naturwissenschaft, Philosophie, Psychophysiognomik und Kallisophie. Carl Huter starb im Dezember 1912 und liegt auf dem Dresdner Johannis-Friedhof begraben. Sein Nachlaß wurde von August Amandus Kupfer betreut und man darf hinzufügen, daß die Kallisophie weiterhin gedeiht, und zwar in der Schweiz. Einer der prominenten Anhänger Huters war der Philosoph Theodor Lessing.

Auch die zoroastrische Mazdaznan-Bewegung hatte ihren Sitz in Leipzig. Gegründet wurde sie von Otoman Zar-Adusht Ha'nish, der behauptete, Sohn eines russischen Diplomaten und einer deutschen Adligen zu sein. Für die Nachwelt hielt er als Geburtsort Teheran fest. Genaue Daten ließ er im Dunkeln, dafür wissen wir, daß er viele Doktortitel besaß. Er predigte den Vegetarismus und das Trinken von destilliertem Wasser, glaubte an die Arier, hieß in Wirklichkeit Otto Hanisch und lebte in Amerika. Er wendete sich gegen üppiges Essen und Genußsucht. Wer zuviel esse, verfalle dem Eroberungsdenken, der Arroganz und verfalle ohnehin. Sein Standardwerk zur Ernährung beginnt mit dem Satz: »Der Mensch ist nicht auf Erden, um alles, was Wald, Wiese, Feld oder Garten abwerfen, in seinem Magen wie in einer Art Futterspeicher zu sammeln, auch nicht dazu, um eine Art Kirchhof oder Friedhof für tote Tiere zu sein. Vielmehr soll er hier auf Erden die Macht des Geistes über die Materie beweisen.«

Über seine Anhänger soll er sich lustig gemacht haben. In Leipzig gründete er eine Filiale seiner Bewegung unter der Leitung von David Ammann. Dieser predigte in seinem Buch *Inner Studies* gewisse tantrische Praktiken. 1914, zu Beginn des Ersten Weltkrieges, wurde Ammann als Ausländer des Landes verwiesen.

Unseren Rundgang beschließen wir in der damaligen Vorstadt, nämlich in der Scherlstraße, die von der Dresdner Straße links abgeht. Wir stehen vor einem Gebäude, in dem eine Druckerei arbeitet, das jedoch einst das Zentrum der deutschen theosophischen Gesellschaft war. Nicht unbedingt die beste Adresse damals. Aber auch nicht die schlechteste, wenn die Nachbarn Friedrich Nietzsche hießen und Gustav Theodor Fechner.

Wunderbrunnen (Juli 2008)

WÄHREND IN BERLIN DIE BUNDESWEHR ERSTMALS EIN GE-
löbnis vor dem Reichstag ausrichtet (es ist der 64. Jahrestag des
20. Juli 1944), beobachten wir den Himmel. Die Wolken ziehen
in diesem Sommer rastlos umher, als wüßten sie nicht, welchem
Klimaforscher sie gehorchen sollten, es sind schwere eutergleiche
Wolken, andere, die sich wie Kühltürme in die Höhen stapeln, ba-
bylonischer Dampf. Und kühl ist es ohnehin in diesen Tagen. Seit
Wochen haben wir uns als Ziel den sogenannten Wunderbrunnen
vorgenommen, an einem Ort gelegen, der irgendetwas mit Segeln
zu tun hatte. Er segelte sozusagen durch
unser Halbbewußtsein, ankerte mal hier
und mal dort, solange wir uns nicht auf
den Weg machten. Ulrike war der Mei-
nung, er liege bei Taucha. Ich setzte eher
auf Markranstädt und empfahl eine Fahrt
durch Grünau. Wenn der Mensch tätig
wird, muß er als erstes präziser werden.
Das einzige, was wir hatten, war eine üble,
grobe, noch dazu völlig veraltete Karte.
Dazu kam die exakte Wegbeschreibung,
die wir einer Beschreibung des Wunder-
brunnens entnahmen, angefertigt von unserer Freundin Andrea.

Sie hatte uns in den letzten Jahren immer wieder von diesem Wunderbrunnen
in der Nähe von ja Segeln oder so erzählt,
Wundergeschichten eben. Seit dem 17.
Jahrhundert ist der Brunnen bekannt,
es gibt Pamphlete und Werbeblätter aus
dieser Zeit. Die Menschen pilgerten dorthin, weil der Brunnen vor allem in Trok-
kenzeiten sprudelte, während er in Zeiten

hohen Grundwassers stumm blieb. Es war die Rede von Heilungen, Skorbut und Krätze, Hautkrankheiten und so manches wurde kuriert. Und später, im 19. Jahrhundert, wurden hier Wasserkuren durchgeführt, es wurde Wasser in alle Welt verschickt. Im Zweiten Weltkrieg ging es kistenweise an Rommel und seine Soldaten in die nordafrikanische Wüste. Der Krieg war damit aber nicht zu gewinnen.

Andrea begann vor einigen Jahren, diesen Brunnen wieder zu kultivieren. Mit ihrem Freund, der Brunnen und anliegenden Hof geerbt hatte, wurde alles nach und nach renoviert, saniert, vom Unkraut befreit und hergerichtet. Vor einem Jahr habe ich Andrea gebeten, einen Artikel über diesen Wunderbrunnen zu verfassen, der

in dem Band *Alles fließt – Dimensionen des Wassers in Natur und Kultur* (Peter Lang Verlag 2007) erschienen ist. Seither schwirrte der Wunderbrunnen in meiner Phantasie herum, ich begann sogar Werbung dafür zu machen, ohne zu wissen, wo er liegt, aber Wasser hatte ich schon jede Menge daraus getrunken. Einem Kollegen sagte ich, er liege bei Markranstädt. Was, sagte er, da bin ich doch geboren, und dann kenn ich das nicht. Schämen Sie sich, sagte ich. Nun liegt der Brunnen gar nicht bei Markranstädt, wie wir auf der Karte herausfanden, schäm dich, sagte ich nun zu mir, aber gut, daß ich das Buch mit Andreas genauen Wegangaben besaß. Die grobe Karte, so ungeschlacht sie sein mochte, enthielt tatsächlich den Namen dieses Ortes: SEEGEL. Umgeben ist der Ort von Namen wie Lobschütz, Tellschütz, Werben, Sittel, Thesau, Großdalzig, alles was die sächsische Namensquelle so hergibt an Wunderworten.

Von Holzhausen fuhren wir über Meusdorf und Markkleeberg am Torhaus vorbei, an der Elster entlang auf die Türme von Böhlen zu, aus denen Wolken, gleißendere als die über ihnen schwebenden, hervorstießen, aber sicher waren wir uns über den Weg mit dieser grobschlächtigen Landkarte von 1995 nicht. Damals gab es nur wenige Radwege und schon gar nicht die künstlichen Seen, die sich nach und nach zu einem Rosenkranz aus Wasserperlen durch Sachsen ziehen, bis das große Vaterunser kommt. An einer Stelle, wo wir gerade nicht weiter wissen, geht es hier nach links oder später, treffen wir auf ein Pärchen, Arbeitskollegen von Ulrike, die mit der neuesten Karte unterwegs sind. Und so geht es Richtung Bahnhof Gaschwitz, von dort durch Eisenbahnarchäologie in die neuen Tagebauwege von Zwenkau. Alle reden von Mondlandschaft, wenn sie den Tagebau beschreiben, aber die wenigsten sind auf dem Mond gewesen. Es reicht also, die violetten Faltungen und Pyramiden, die grau-blauen Wellungen auf der anderen Seite des Sees als iranisches Hochland zu beschreiben oder als ein Anatolien, in dem man auf das allmähliche Auftauchen des Berges Ararat wartet, denn es ist, als habe sich hier die Sintflut zurückgezogen und hinterlasse Täler mit glänzenden Pfützen. Das ist die andere Seite, diese hingegen, auf der wir rollen, ist grün und der Schotter ist spitz und oft möchte man vom Boden schön geformte Steine aufheben, sie könnten ja von Menschen vor 100 000 Jahren bearbeitet worden sein, kleine Splitter von Pfeilspitzen oder Rasiermessern. Vergessen wir nicht, daß in diesen Tagebaugebieten auch archäologische Grabungen mit den Baggern im Wettstreit lagen. Vor zehn Jahren habe ich mit Studenten eine solche Grabung besucht. Dabei war man auf ein Wasserleitungssystem gestoßen, das etwa 7000 Jahre alt war, älter als die Himmelsscheibe von Nebra also, und das von Zwenkau bis nach Sachsen-Anhalt hineinreichte. Es waren schon größere Raumordnungen im Spiel, als wir es uns heute vorstellen, wenn wir an die Steinzeitmenschen denken.

Von ferne winkt der Flugplatz Böhlen herüber, eine Maschine steht abflugbereit, und man möchte wissen, welche Zukunft hier noch heranwächst. Die Imbißbuden stehen jedenfalls schon. Auf eine Gulaschkanone ohne Gulasch, aber mit Erbsen- und Bohnensuppe, stoßen wir an der Ausfahrt aus dem Tagebau bei Zwenkau auf einem Parkplatz.

Eine echte Gulaschkanone, sie wird ihre 50 Jahre auf dem Buckel haben, und stammt aus Tschechien. Der Imbiß hat erst vor kurzem hier eröffnet, weil sich jetzt etwas zu rühren beginnt am Kap Zwenkau. Man sieht es auch an den zahlreichen Touristen, die hier ihre Suppen löffeln. Die Frau am Tisch neben uns, die sich mit einem Trucker über bestimmte Tunnel unterhält, stellt sich später als die Frau des Imbißmannes heraus. Sie ist gerade mal kurz auf einen Plausch vorbeigekommen, denn sie betreibt den Imbiß am Flughafen Böhlen. Vor einigen Monaten mußten die beiden eine Kneipe in Leipzig schließen, die ganz gut lief, und es lag einzig daran, daß sie kein Personal fanden, trotz aller Arbeitslosigkeit. Die Frau erklärte auch gleich, daß die Konditionen nicht schlecht waren. So hat man also in eine neue Zukunft investiert, und da jeden Abend jetzt im Fernsehen Geschichten aus dem Neuseenland gebracht werden, hat man ein gutes Gefühl. Der Zwenkauer See, größer als der Chiemsee, wird auch der einzige sein, auf dem man mit Motorbooten fahren darf. Bislang ist der Name Neuseenland nur regional um Leipzig herum geläufig. Ich vermute aber, daß er in wenigen Jahren europaweit bekannt sein wird. Das neue Seengebiet ist besser als eine Olympiade.

Aber den Wunderbrunnen kennt hier niemand. Wir radeln weiter in den dunkelnden Himmel hinein, über kleine verwunschene Dörfer, die vom trockenen Raps umklappert werden, nach Zitschen, und hier treffen wir auf eine Frau, die mit einem hintergründigen Lächeln Bescheid gibt. Sie suchen den Wassergott, sagt sie zu ihrem Begleiter.

– Na ja, nicht den Wassergott, sagen wir, eigentlich nur den Wunderbrunnen.

So heißt er aber, sagt sie, und sagt, wir müssen nicht nach Seegel, sondern sollen lieber über Sittel und Thesau (manchmal verirren sich abgebrochene griechische Mythen ins sächsische Land, und vergeßt nicht Althen bei Borsdorf) fahren. Der Nächste, den wir nach dem Weg fragen, ist alt und unwirsch, aber wir liegen auf dem richtigen Pfad.

Ein Hoftor, dahinter Stimmen, Kinder, Erwachsene.

Andrea ist da, mit ihrem Lebensgefährten, und begeistert zeigen sie uns die Anlage: die Ställe, die zu Wohnräumen umgebaut wurden, das Treibhaus, den Obstgarten, die Ateliers und Speicherräume, die Wohnung der verstorbenen Tante. Kästen mit leeren grünen Flaschen mit Schnappverschluß. Holzleisten mit der Aufschrift *Wunderbronnen* liegen herum oder sind für eine Baumbude vernagelt worden. Geschichte wächst hier, überwuchert, wieder gesäubert und aufbereitet, in vielen tausend Objekten. Der Großvater betrieb einen schwunghaften Handel mit dem Wasser, der Ort diente Heilkuren. Auf alten Fotos sehen wir die Besucher in der Sommerfrische unter schattigen Bäumen sitzen und die Wässerchen zu sich nehmen. Und so hieß er im Dorf auch der Wassergott. Der Bus hielt direkt vor dem Wunderbrunnen, an der Haltestelle »Wassergott«. Im Archiv ist kiloweise Material, das der Aufbereitung harrt. Es geht bis ins 17. Jahrhundert zurück, mit Pamphleten und Wunderbeschreibungen, vielen Zeitungsausschnitten, Briefen usw. In einer anderen Kiste ein Haufen Zeugs von der Waffen-SS, das Dr. Windau am liebsten wegkippen würde, aber vielleicht enthält es historische Aufschlüsse.

Aber das eigentliche Heiligtum ist der verwunschene Brunnen. Er liegt verborgen im schattigen Wäldchen am Haus. Als die beiden die Anlage übernahmen, war hier die reinste Wildnis, alles war zugewachsen und von Schutt begraben, den der lokale Konsum dort abgeladen hatte. Überall liegen Flaschenscherben herum, immer noch. Doch der Weg zum Brunnen ist jetzt begehbar. Er liegt in einem kleinen Pavillon mit gelbverglasten Fenstern, ein Raum der Konzentration. Der Wassergott hat absichtlich die gelblichen Gläser einsetzen lassen, um die Qualität des Wassers nicht durch das direkte Sonnenlicht zu beeinträchtigen.

Die Quelle ist derzeit ruhig, denn das Grundwasser steht hoch. Erst wenn Trockenheit ringsum einsetzt, beginnt sie zu sprudeln. Warum das Wasser heilsam ist, konnte wissenschaftlich noch nicht bewiesen werden. Es ist auf jeden Fall sehr weich im Mund, wenig Schwefel, wenig Säure. Ein Fall für den Alchemisten vom Bodensee, den ich vor vielen Jahren einmal besuchte und der sich auf die Untersuchung von Wasser spezialisiert hat. So hat er in einem Buch Wasserkristalle verglichen, wie sie etwa an der Quelle des Rheins, am Rheinfall von Schaffhausen und nach dem Durchlaufen der Industriezentren am Niederrhein entstehen.

Andrea und Stefan haben hier ihr Lebensprojekt gefunden. Nichts anderes ist es, diese Geschichte des Wassers aufzuarbeiten, die ebenso Familiengeschichte ist wie deutsche Geschichte. Aufgrund ihrer Veröffentlichung in unserem Buch über das Wasser hat sich inzwischen bei Andrea ein Historiker aus Berlin gemeldet, der über Wunderbrunnen im 17. Jahrhundert arbeitet. Auch hier streckt die Zukunft ihre Hand in die Gegenwart hinein. Der nahende See als Freizeitgebiet könnte auch diesem Projekt weiterhelfen. Warum nicht Zukunft in den Wind skizzieren: eine kleine Segelschule, eine Pension, ein Kulturzentrum, Ateliers für Künstler und andere, die sich zurückziehen?

Wir ziehen uns nach Leipzig zurück. Jemand hat an den Seilen des Himmels gezogen, so daß ein schwarzer Vorhang auf das Land fällt, ein Vorhang wie bei der Schlacht von Lützen, die nicht weit von hier stattfand, während des Dreißigjährigen Krieges. Da muß Dunkelheit über das Land gerieselt sein, als der schwedische König auf dem Felde fiel, und man fragt sich, wie das Wasser im Wunderbrunnen an diesem Tage floß.

Am Rand des Tagebaus geht es zurück, der Regen fegt über die Löcher, über Wachau und Meusdorf. In Meusdorf am Feldrand wird es trocken. In seinem winkelreichen Haus werkelt Herr Gessner herum und erkennt mich, denn vor einigen Monaten haben wir ihn bei einem Spaziergang angesprochen. Der Mann ist ein Sammler, und ich weiß nicht, wie wir auf das Thema kamen, er war bekannt mit einem Abenteurer namens Georg Leichner. Leichner hatte ein Haus in Liebertwolkwitz. Wir haben es uns später angesehen, es war verwahrlost, unbewohnt, ein Verkaufsschild angenagelt an dem wackligen Zaun. Das war vor einem halben Jahr. Inzwischen aber ist das Haus verschwunden und ein Neubau mit prächtigem Treppenportal erhebt sich aus der alten Erde. Herr Gessner weiß nicht, was es mit diesen Vorgängen auf sich hat. Leichner war ein Draufgänger, ein Weltenbummler, ein Autor von Reisebüchern. Später soll er sich gerne Damen auf sein Grundstück geladen haben.

– So wie Sie da vor mir stehen, sagt Gessner, sehen Sie genauso aus wie der Leichner! Wilde Haare, kräftige Figur! Verrückt!

Wir verabreden uns. Das nächste Mal wird er uns von Leichner erzählen.

•|•

Frohe Stunde (September 2008)

GESTERN FUHREN WIR NACH MÖCKERN. IM AUENWALD herrschte Verkehrschaos, die Wege waren gesperrt, Umleitungsschilder standen wie gelbe Elfen zwischen den Bäumen. Auf den Flüssen, deren Namen wir nie ganz sicher besitzen, schoben sich Schifflein von links nach rechts und von oben nach unten. Wir kamen zu spät. Im Gartenverein »Frohe Stunde« wurde schon gefeiert. Die Verwandten saßen freundlich aufgereiht wie Vögel auf dem Draht an der Kaffeetafel, das Geburtstagskind eilte uns entgegen und alles war froh. Wir langten zu bei den selbstgebackenen Torten und Kuchen und es war eine Freude, die Verwandten das gleiche tun zu sehen, mit einer Hingabe und einer Verantwortung, daß die Nähte lachten. Draußen wühlte derweil der Sommer in den Gärten und setzte mit seiner schweren Schwüle so manchen Gärtner aufs Altenteil. Wir zogen mit dem leinenlosen Hund durch die Anlagen, um uns von der Kuchenattacke zu erholen. Verstohlene Blicke, ausbleibende Grüße, gezischelte Wortschlangen hinter uns deuteten an, daß leinenlose Hunde hier nicht gern gesehen werden. Sie widersprechen den Statuten und Prinzipien der »Frohen Stunde«, die angesichts solcher Provokationen schnell die erste Hälfte ihres Namens vergessen kann. Hier vergisst sich natürlich niemand, nur manche Gärten sehen vergessen aus. Vielleicht gehören sie kranken oder schon verstorbenen Besitzern, da wuchert die Natur rücksichtslos über die Schilder, entbunden von allen kurzfristigen menschlichen Weisungen, die auf Ordnung zielen. Die Entropie bricht aus, wo sie kann und will. Wenn der Gärtner auftaucht, macht sie auf kurze Zeit gute Miene zum bösen Spiel, das Ordnung heißt: eine Insel im Fluß der Zeit, ein bewohnter Planet inmitten von galaktischem Feuergeröll und einsamen Eisbällen. Wegerich, Klette, Quecke und Goldrute arbeiten mit allen zur Verfügung stehenden Mitteln, also Klebfingern, Krallen, Schlingen, Knoten, Fäusten und Samenfeuerwerken, die von den Gärtnern zur Freude des menschlichen Auges beherrschten Flächen zu entwinden. Am Ende wickeln sie alle den Gärtner um die Finger, denn er oder sie wird alt und hinfällig, von einem Auto überfahren oder von Krankheiten heimgesucht. Die Kinder und Enkel haben hier zwar gespielt und sind einmal hier aufgewachsen, doch werden sie sehen, daß sie das Gärtchen so schnell wie möglich veräußern. Dazu gehört das Schild, das eine Schließung des Freisitzes ab dem 2. August vermeldet, vom 2. 8. bis Fragezeichen. Eine andere Gefahr war herangewachsen und ist doch glücklich in einer gemeinsamen Anstrengung abgewendet worden, wenn auch nicht ohne einen gewissen Schaden. Erst die Bahn, dann eine Bundesstraße haben eine Trasse gerissen zwischen die Gärten. Man konnte sich nach sicherlich zähen Verhandlungen erstens darauf einigen, daß die Aliens mit ihren außerirdischen Projekten gezwungen wurden, eine Schallschutzmauer zu ziehen und die Straße, während sie zwischen den Gärten entlang zieht, und sie dazu überreden, dieses doch mit einem Schwung durch die Tiefe zu machen. Zweitens aber mußten die Außerirdischen den Gärtnern als Ersatz und Ausgleich für eine böse Verwundung ein Häuschen finanzieren, eben jenes Vereinshaus, in dem wir so fröhlich tafelten, und auf dieses Vereinshaus, so berichtet eine Tafel, hatten schon Generationen von Gärtnern sehnsüchtig gewartet. Wir reden von hundert Jahren, liebe Leute. In diesem werten Vereinshaus hängen die Urkunden von vielen Sommern hingebungsvoller Arbeit. Manchmal steigern sie sich in das Religiös-Sektiererische: »Karl Marx lebt in uns und in unseren Taten!« Wer dieser Karl Marx ist, der da in uns lebt, möchte man nicht so genau wissen, und hoffentlich ist es nicht der Name eines Fuchsbandwurms.

Na, immerhin höre ich, daß Gärten seit kurzem wieder höher im Kurs stehen: man stellt sich wieder auf Wartelisten und zahlt auch gerne etwas mehr für die Pacht. Die mauen Jahren gartenfeindlichen Lebens, das Aufbrechen des Ostens durch den Westen, ist vorbei. Die meisten machen wieder Urlaub an der Ostsee oder erinnern sich ihrer wenigen ungarischen Vokabeln, die ihnen am Plattensee zugeflogen waren.

Die Geschichte von Herrn Gimpel, den sie immer »Sie alter Gimpel!« riefen, der sich in seinem Gartenhaus verbarrikadierte, sich zuwachsen ließ mit Pfirsichen und Rosen und Apfelbäumen und den sie eines Tages mumifiziert aus seiner Laube trugen. Ganz so wird es nicht gewesen sein, das kann man sich denken, wenn man durch diese Wege schreitet, denn diese Gärten sind so sauber und geordnet, so vieldeutig und reichhaltig mit Schildern besetzt, daß man weiß: Ein allwaches Auge herrscht über dieser Anlage, die fast eine Anstalt genannt werden könnte, mit all ihren Subjekten und deren Objekten. Ein Name taucht immer wieder auf, in fast allen Danksagungen und Ankündigungen, es ist der Name eines Untergottes, der hier wohltätig regiert und seine Günste ausbreitet wie ein Wettermacher.

Jeder Streifzug durch diesen hinterhältigen Kosmos bereichert auf irgendeine Weise den Streifenziehenden. Man stößt auf eine Windmühlenkultur, die ihresgleichen sucht, mit Brücken und Flüssen, Müllern und Müllerinnen, man gerät in ein Seniorenparadies, das wir für unsere lieben Alten angelegt haben, mit einem Futterbaum für die verschiedensten Vögel, eine Art Altenheim der Lüfte. In den gesägten Holzklötzen, die als Sitze dienen, in den Volieren und Steingärtchen, in dem lauschigen Tisch zum Kartenkloppen stecken tausende von Stunden der Pflichterfüllung, nur getan, um die Freude auf den Gesichtern der Alten aufscheinen zu sehen, und es wäre schön, wenn sie noch diese Freude aufbringen können. Und fortwährend, indem du durch die Gartenwege ziehst, lernst du dazu, denn eine Tafel folgt der nächsten, und es sind keineswegs nur Verbotstafeln. Es sind liebevolle Hinweise auf siegreiche Gestaltungen, so das große bunte in Steinen ausgelegte Wappenzeichen des Gartenvereins, Hinweise auf anstehende Gemeinschaftsaktionen (Säuberung der Wasserbereiche, Unkrautbekämpfung auf den gemeinsamen Wegen, Arbeit am Brunnen). Und überall erheben sich Volieren, nicht Käfige! Wellensittiche und Pennantsittiche, die wie Papageien aussehen und laute Schreie ausstoßen und von der anderen Seite der Erde herangeholt wurden, dazu Enten und Schwäne, die auf einem dunklen Tümpel so vor sich hindümpeln, vergittert vor dem Zugriff der Welt. Hinter den Gärten noch ein sorgfältig verriegelter Abenteuerspielplatz, mit Öffnungszeiten versehen. Ich habe schon so manche Kleingartenkolonie gesehen, aber keine, die so mitteilungsfreudig ist wie die »Frohe Stunde« mit ihren Schildchen und Verkündigungen, den informativen Beipackzetteln zu dieser Medizin namens Gartenkunst. Literatur im besten Sinne also: »Die geschichtliche und territoriale Entwicklung des heutigen Kleingärtnervereins ›Frohe Stunde‹ ist sehr wechselvoll und ... von ständigem Flächenzugewinn geprägt.« So stelle ich mir eine siegreiche Gärtnerkolonie vor, und die »Frohe Stunde« könnte diese Vorreiterstellung übernehmen: wie sie sich mit ihrem Frohsinn langsam über die benachbarten Hauszeilen ausbreitet, Wie der Schwamm, wie das Unkraut, das sie in sich doch so erfolgreich bekämpft, und sich weiter und weiter dehnt, über die Georg-Schumann-Straße hinweg, nach Abtnaundorf und Thekla hinaus, zur Luppe hin. Und eines Tages würden die ersten Lauben an der Jahnallee gesichtet werden, die ersten Informationstafeln über deutsche Singvögel und heimische Heilpflanzen würden in der Nähe des Hauptbahnhofs erscheinen, kleine Windmühlen mit Holzbrückchen auf dem Markt, ja, die ersten Laubenpieper würden sich in den Passagen und Kaufhäusern breitmachen, Freunde, wie würde sich die Welt dann verändert haben! Der ganze Tand des Konsums und Glitzerwerks würde von ihr abfallen und ganz Leipzig wäre ein Schrebergarten der Zukunft.

Doch die Geschichte hat leider kein Ende. Die Eroberung der Welt durch die Gärtnerschaft kommt zu einem Halt und dieser geht auf die Spaltung zurück, die in langer Vorzeit einmal entstanden war, als die Urzelle »Frohe Stunde« durch eine Autotrasse geteilt werden musste. Die eine Seite erhielt zum Dank vom Verkehrsministerium ein Vereinshaus und darauf gründete sich schließlich ihr Erfolg als Weltmacht. Der andere Teil östlich von der Straße ging leer aus. Seither herrscht Gärtnerkrieg und so regieren heute zwei Gärtnervereine die Welt, die einst beide aus derselben »Frohen Stunde« entsprungen waren. Eines Tages aber wurde die Autotrasse abgeschafft, weil kein Bedarf nach Autos mehr da war. Und was dann geschah, wissen wir doch längst.

Tausend Teiche (September 2008)

AM BAHNHOF VON BAUTZEN, DER NICHTS VON SEINEM FIN-
steren Charme eingebüßt hat, fühlt man sich wie in einem großen
leeren Wohnzimmer, die Mieter sind ausgezogen. Da ist ein Zei-
tungsladen, der zugleich als Gepäckaufbewahrung dient und mehr
als ein mürrisches Zugeständnis darf man nicht erwarten. In einem
kleineren Wohnzimmer nebenan riecht es nach Soljanka und mit
Vorliebe verspeist man hier Nudeln unter einer Haut von Gulasch.
Eine dünne Kaffeefahne weht in die dunkle Haupthalle, ihr Duft
verliert sich wie ein Gespenst und hin und wieder verirren sich auch
junge Leute hierher, doch wollen sie so schnell wie möglich nach
Hause oder sonstwohin. Die Halle hält die Menschen fern, darin
liegt ihre Funktion, und das steht auch nicht im Widerspruch zu
dem Namen Fernbahnhof. Aber ist Bautzen ein Fernbahnhof?
Müsste er nicht mit Symbolen der Ferne und Exotik prangen? Ich
finde eine einzige öffentliche Ansage in Form einer Tafel, die neben
dem Suppencafé angebracht ist: *Im Festjahr der Jahrtausendfeier der
Stadt Bautzen 2002.* Weder Kosten noch Mühen wurden für dieses
Monument des Gedenkens gescheut. Die gnadenlose Tafel ist aus
Papier und in den sechs vergangenen Jahren leicht wellig geworden.
Das Ganze wird geschützt von einer Plastikfolie; der Rahmen ist
nicht besonders stabil, aber für eine Speisekarte reichte es gerade
noch. Vermutlich konnte man sich schon 2002 kalligraphische Ge-
denktafeln für alle Zwecke aus dem Internet ziehen. Anderswo wird
an die ersten Eisenbahnstrecken der Sächsisch-Schlesischen Eisen-
bahngesellschaft im Bereich des Regionalknoten Bautzen erinnert:
Dresden-Bischofswerda 23. Juni 1846.
Bautzen-Löbau 23. Dezember 1846.
Löbau-Görlitz 1. September 1847.
Festzustellen ist auch, daß einst eine Strecke Bautzen-Königs-
wartha eröffnet wurde, doch im Reisebüro war davon nichts mehr
zu finden. Als ich die Fahrkarte nach Königswartha kaufte, endete
die Weisheit des Büros am Regionalknoten. »Wie Sie danach wei-

terkommen, müssen Sie selber sehen. Darüber können wir Ihnen nichts sagen. Aber wahrscheinlich fährt ja ein Bus.«

Und wie ich so mit dieser Wahrscheinlichkeitstheorie im Bautzener Bahnhof sitze und sitze, stellt sich zunehmend das Gefühl ein, es könnte vielleicht gar kein Bahnhof sein. Einer meiner Lieblingsautoren, Gilbert Keith Chesterton, mußte oft in Bahnhöfen warten, wie er einmal schrieb: »Ich selbst kenne nur eine einzige Möglichkeit, einen Zug zu bekommen, und die besteht darin, den vorhergehenden zu verpassen. Wer das einmal ausprobiert, den umfängt im Bahnhof plötzlich die tröstliche Stille einer Kathedrale.« Der Bahnhof von Bautzen ist aber eine traurige, verlassene Kathedrale, eine Kathedrale ohne Gläubige, ohne Pfarrer, ohne Altar und ohne Kanzel, ohne Kerzen und Ewiges Licht, eine Kirche ohne Gott. Statt auf Bänken sitzt man auf den wenigen verbliebenen Plastikstühlen und wartet. Aber man wartet nicht auf Züge, sondern auf das Ende. Es ist Leere, ohne farbiges Licht, ohne weite Bögen, die drückende Leere eines entweihten Sakralbaus, eine ehemalige Kirche, in der das Gebetbuch durch eine wellige Speisekarte ersetzt worden ist.

Die Bibliothekarin, die mich abholt und durch die Dörfer nach Königswartha bringt, spricht von dem Land der 1000 Teiche und sie ist zugleich die Chefin der Touristik in der Gegend. Es ist eine flache Ebene und wir sehen heute abend nur zwei, drei Teiche, aber sie genügen, der Landschaft einen magischen Schimmer zu geben. Überall liegen große Spiegel herum, in denen sich Wolken und Weiden, Schwäne und Schweine reflektieren. Sicherlich wohnen viele Narzisse in dieser Gegend, es muß ein Schlaraffenland für sie sein. Es gibt auch eine sprachliche Spiegelung. Jedes Wort hat zwei Versionen, als teile sich die Welt an ihnen. Orts- und Straßenschilder zeigen den deutschen und sorbischen Namen und das erzeugt ein interessantes Flimmern. Man könnte geradezu in Irland sein oder Schottland, wo man englische und gälische Namen auf Schildern sieht. Für einen, der im einsprachigen Deutschland aufgewachsen ist, liegt darin eine große Verlockung, wenn nicht Verheißung. Es gibt eine andere Wirklichkeit, als die von unserer Sprache vorgezeichnete. Es gibt ein Land jenseits der sprachlichen Spiegel, in denen wir gewöhnlich leben. Die Welt setzt sich neu zusammen, Lausitz ist auch Łužica. Jedes Schild weist uns darauf hin, daß sie nicht festgelegt ist und jede Sprache ein anderes Spektrum der Welt darstellt. Ein Raum der Möglichkeiten eröffnet sich, wenn der Tisch nicht nur Tisch heißt.

Die westslawischen Stämme kamen vor gut 1300 Jahren in dieses Gebiet, das seit der Völkerwanderung völlig verlassen war. Meine rudimentären Kenntnisse des Russischen werden hier auf liebevolle Art aufgegriffen, sorbisch verfremdet und doch erkennbar. Ich baue mir kleine sprachliche Brücken, vom russischen Putin zum sorbischen Puć, der Weg. Königswartha, was soviel wie Warte des Königs bedeuten soll (falls nicht ein Diener hinter dem König »Warte, König!« gerufen hat), heißt auf sorbisch Rakecy und das ist der Ort der Krebsleute, die im Trüben fischen. Sie fingen und fangen wieder jede Menge Krebse hier und in Schwarzwasser. Die Bibliothekarin wundert sich, daß niemand in Leipzig Königswartha kennt. Ich habe zuvor herumgefragt und alle, auch eingeschworene Sachsen, haben den Kopf geschüttelt. Bautzen, Görlitz, Löbau, das schon, auch Kamenz und Hoyerswerda, aber bei Königswartha bricht das Alphabet ab. Dabei ist es sehr schön hier, fischreich, grün, die Wolken legen sich schmiegsam auf die Landschaft, die von Flüssen durchträllert wird wie von kleinen musikalischen Impromptus, und demnächst fangen hier die Fischwochen an. Da wird doch wohl einer sein, der Königswartha kennt!

Wir fahren durch Neschwitz (Njeswačidło). Ein Schloß mit Park, und es ist geöffnet, rein zufällig ist die Wärterin noch da, verkauft mir ein Schloßschnäpschen und ein Lausitzer Sagenbuch und zeigt uns den Schloßsaal, der nun Standesamt ist, und die Kellergewölbe. Eine Geliebte von August dem Starken hat sich hier breitgemacht und Neschwitz kann zumindest heute nicht klagen. Auch die Jugendherberge gehört zum Schloß und nun hat die Wärterin für Unruhe gesorgt, denn als die Kinder zu Bett gingen, hat sie gesagt: und nun seid schön ruhig und stört die Herrin des Schlosses nicht, sie kann sonst ungnädig werden. Die Kinder nahmen das wörtlich und liefen die ganze Nacht auf den dunklen Korridoren des Jagdschlößchens herum. Die Lehrerin beschwerte sich morgens bei der Touristikzentrale, man habe ihr die Kinder verschreckt und viele wollten schon nach Hause wegen dieser »weißen Frau«. Aber »weiße Frau« hat die Wärterin nie gesagt.

Die Wölfe sind das Thema, das in allen Gesprächen wiederkehrt. Der Wirt und die Fischer, die Bibliothekarin und Leute in den Kneipen reden solide von den Wölfen, die nun zurück sind aus dem Osten. Das ist die EU-Erweiterung der Tiere. Die Rückkehr der Wölfe wird offiziell unterstützt, aber Unruhe breitet sich unter Jägern, Förstern und Schäfern aus. Junge Wölfe reißen Schafe und Rehe und die Nachrichten reden fast täglich von Wolfsgeschichten. Es wird Zeit, einen Wolfssender einzurichten, der stündlich mit Wolf-News in den Äther geht. Heute ging ein verwundeter Wolf auf einen Bauernhof. Der Schäfer, dem ein Schaf gerissen wird, bekommt angeblich viel Schadensersatz vom Staat. Dennoch gibt es erste Schäfer hier, die sich zur Verteidigung gegen Wölfe speziell trainierte Hunde aus der Schweiz besorgen. Grüne Utopien sind bekanntlich in einer Welt entstanden, die sich vor Tieren nicht mehr zu fürchten brauchte und so assoziierte man den Wolf mit der echten Natur. Doch der Wolf hat längst den Menschen und seine Zivilisation gerochen, er weiß, wo man sich leichter was holen kann als in der echten Natur, und so war auch dieser grüne Traum nur ein Traum.

Ich zeige den Kindern das Bild vom Rattenfänger von Hameln und frage: Wer ist das?
    – Der Mäusekönig!
    – Schon ganz gut, aber etwas anders.
    – Der Rattenkönig!
    – Besser, aber ...
    – Der Rattensänger!
    – Nah dran.
    – Der Rattenfänger!
    – Sehr gut. Aber von wo?

– Von Bautzen?

– Von Dresden?

– Von München?

– Von Hamburg?

– Ja, schon nah dran.

– Der Rattenfänger von Hameln!

Wie man sich durch ein sprachliches Spiel gemeinsam an eine Lösung herantastet.

Ich soll hier etwas über die englische Kinderliteratur erzählen, über Lewis Carroll und Alice, über Milne und Winnie the Pooh und die vielen anderen. Die Bibliothekarin verfolgt damit ein Ziel, nämlich den Kindern klarzumachen, daß es diese Literatur gibt, daß sie die Vorlage für die Filme ist, daß es Autoren gibt und Lebensläufe und Hintergründe. Solches Wissen soll die Eindimensionalität der Medienwelt, mit der die Kinder aufwachsen, erweitern. Sie sollen aber auch wieder Freude an der Sprache gewinnen und sich nicht einzig auf Walt Disney verlassen, wenn sie über deutsche Märchen oder englische Kinderbücher reden. Am Ende singen wir noch ein Liedchen, das vom Yankee Nudel. In der Heimatstube, die gleich unter der Bibliothek aufgeschlagen ist, verrät mir die Hausherrin, daß ihre Mutter in Görlitz Apothekerin war und sich daran erinnerte, daß der unvermeidbare Napoleon sich bei seinem Rückzug 1812 unterhalb der Apotheke versteckt haben soll.

Mittags fahr ich mit dem Fahrrad über das Land, sanfte Hügel, mit Wolken wie segelnden Tischtüchern, zuerst aber nach Eutrich/ Jitk, über den kleinen Fluß hinüber, die grünen Wiesen, es ist der Ort, an dem der kleine Krabat geboren wurde und als Schäferhirt aufwuchs. Da ist heute kein Schild und nichts, nur Betonpiste im Wald, kleine Fabriken, Farbwerke, vielleicht mal militärisch zu DDR-Zeiten, hohe Drahtzäune, nichts Bewohnbares. Ein zugrunde gerichteter Ort, falls es jemals einer war, und deswegen wohl mußte Krabat auch weg von hier, in die Lehre des bösen Zaubermeisters in der Mühle bei Schwarzkollm/Čorny Chołm. Ich aber komme wieder in Neschwitz raus, beim Schloß und in einem Bistro, wo es Gulasch, Kraut und Kartoffeln gibt, und ein mächtig gebautes, schwarz gekleidetes Pärchen am Tresen hängt und eine gute Stunde das Maulwerk nicht aufkriegt. Und ich komme über die Straße nach Luga, an der einst zwei befreundete Zauberer wohnten, der eine zuständig für Feuer, der andere für Wasser, bis sie sich eines Tages betranken und zu beschimpfen begannen und die größten Feinde wurden, die sich gegenseitig mit Feuer und Wasser überzogen. Ich kenne die Straße, sagte ein Kind, als ich die Geschichte vor den Schülern erzählte. Es ist genug Zauberei in eurer Gegend, es gibt

nicht nur den Harry Potter. Überhaupt scheint mir, ist das Sorben-
land von Sagen getränkt. Vielleicht ist es auch nur eine fischilante
Tourismusbranche, die das so erscheinen läßt.

Der Film *Krabat* aber, der gerade anläuft, wurde in Rumänien
gedreht, weil die Umgebung einfach nicht mehr passt. Das Sorben-
land ist zu sauber geworden, zu ordentlich und wohlhabend. Wir
müssen uns Krabat (im Film) am Ende des Dreißigjährigen Kriegs
vorstellen, als Kind, das nichts als Krieg gekannt hat, wie ein Pa-
lästinenserjunge oder ein Afgha-
ne, generationenlang nichts als
Krieg. Und da verlockt die Magie,
mit der man sich wie durch einen
Donnerschlag in den Reichtum
versetzen kann, verführen die
Meister, die mit ihren Ratten-
fängerflöten aufspielen. In den
Zeitungen heißt es immer: Krabat, nach dem Buch von Otfried
Preußler, was ja stimmt, aber man
vergesse nicht den sorbischen Ursprung der Sage. Krabat befreit
sich aus der Magie, wird dennoch
wohlhabend und bleibt ein guter
Mensch. Es soll ihn gegeben haben, diesen sorbischen Faust, und
sein Name steht für »Kroate«,
der wiederum als der Urheber
des Wortes »Krawatte« genannt
wird. Er soll im 17./18. Jahrhundert gelebt, viel Gutes getan und
sich große Ehren beim König von
Sachsen erworben haben. Das
Historische und das Sagenhafte
sind hier dicht miteinander ver-
woben. Einer der bekanntesten

sorbischen Schriftsteller, Jurij Brězan, hat daraus sogar einen fausti-schen Roman über Technik und Wissenschaft im 20. Jahrhundert gemacht: *Krabat oder die Verwandlung der Welt* (1976).

Ich fahre weiter Richtung Bautzen, komme an der Bockwindmühle vorbei, durch adrette Dörfchen mit geputzten Blumenbeeten vor den Häusern, die Herrnhutersiedlung Kleinwelka aus dem 18. Jahr-hundert, Brüderhaus, dann ein Wald, aus dem Urgeräusche dringen. Es sind Babystimmen, Geschrei und Gekicher, das aus Lautspre-chern in den Bäumen kommt. Man ist in der Welt der Riesenbabys und der Erwachsene ist nichts als ein Spielzeug des Kindes, und nur deswegen sind Erwachsene oft so streng und böse zu den Kindern, weil sie bemerken, daß diese nur mit ihnen spielen. Aber hier han-delt es sich um eine kommerzielle Variante des Babyriesenreiches, das »Klein-Ossi-Land«. Ich gehe nicht hinein, sehe nur Schilder, auf denen »Goldwäscher« steht und stelle mir vor, daß dort Wessis und Ossis beschriftet und in Vitrinen ausgestellt werden, weil man gar nicht mehr weiß, was das eigentlich war. Die Deutschen wollten einmal einen Turm bauen, der zum Himmel eilte; da zerschlug ihn Gott mit der Faust und die Teile fanden sich als Ost- und West-Teile wieder. Ein halbes Jahrhunder später taten sie sich wieder zusam-men, ein kompliziertes Puzzle, und fingen wieder von neuem an. Aber diesmal bauten sie das Klein-Ossi-Land, keine Türme mehr, und sie wuschen nach Gold.

Gleich nebenan aber ist ein anderer Park, der berühmte Dino-park von Kleinwelka. Ich hatte schon in den 90er Jahren davon in der *Leipziger Volkszeitung* gelesen, von diesem Handwerker, der einsam vor sich hinwerkelnd eine ganze Dinowelt hervorgebracht hatte, fein wissenschaftlich und ästhetisch erarbeitet. Der Park zer-fällt in zwei Teile: der erste ist ein großer, modern aufgezogener, fast amerikanischer Eventpark mit Einkaufsbereich an der Kasse und freundlichen Verkäuferinnen. Man geht in einen Wald und stößt auf erste Ungeheuer in Lebensgröße. Kleine zähe Reptilien, die ein großes Tier zerfetzen, oder eben ein Tyrannosaurus, der sich aus dem sächsischen Urwald erhebt. Hüpfende und jagende, gefällte und im Schlamm verwesende Tiere, röhrende und röchelnde Dinos, Flugechsen und dazwischen ein paar Menschen aus der Jetztzeit. Hier werden zwei Erdzeitalter durch einen touristischen Park zusammengeschoben: heute und die Zeit vor 100 Millionen Jahren. Einem Besucher von einem anderen Planeten muß dies komisch vorkommen: Warum stellt sich ein heutiger Mensch zwischen ausgestorbenen Lebewesen auf? Steckt dahinter eine geheime Religion? Träumt der Mensch von jener künftigen Zeit, in der sich andere Lebewesen neben ausgestopfte Menschen stellen werden? Möchte der Mensch das Werk der Zeit zunichte machen durch solche Staffagen? Die dritte Strophe der sorbischen Hymne lautet:

> Des schwarzen Gottes
> altes Königreich
> bewohnt jetzt ein Rabe.
> Altes Moos grünt auf dem Felsen,
> der einst Altar war.

Über einen See gelangt man in einen abgetrennten kleinen Park, den Urpark des Meisters selbst. Da gibt es einen Kiosk mit den unterschiedlichsten Plastikfiguren, Postkarten und prähistorischen Gags. Man geht durch putzig enge Gassen, an einem Kunstfelsen vorbei, auf dem Neandertaler stehen und ein Mammut bewerfen. Überhaupt taucht hier wieder der Mensch auf: macht Feuer, kocht und brät, tötet Feinde und hinten auf der Wiese sieht man sogar die Pärchen herummachen. Das scheint mir ohnehin etwas unterbelichtet zu sein in der Archäologie, der Sex in der Steinzeit. Für solche Forschung werden Außenseiter gebraucht, Unangepaßte wie Franz Gruß, der Vater des Parks. Er wurde 1921 in Ringwalde/Oberschlesien geboren und begann schon mit zwölf Jahren zu kneten und zu modellieren. Nach dem Krieg lernte er Dekorationsmaler und besuchte eine Abendschule für Bildhauerei. 1977 wurde er Hausmeister im Kindergarten von Kleinwelka und bald begann er die ersten Saurier zu modellieren, wozu ein intensives Studium notwendig war. Ab 1980 widmete er sich nur noch seinem Hobby und stellte zur Finanzierung einen kleinen Drachen als Spendentier vor den Garteneingang. Das brachte ihm den ersten Ärger mit den Behörden ein. Dennoch enstand allmählich der Saurierpark, scheel beäugt von oben, bewundert und beneidet von der Seite. In einer Broschüre hat Gruß einen Katalog der Unzufriedenheiten zusammengestellt: mit dem Staat, den Behörden, privaten Firmen und der Gemeinde. Man sollte in den prähistorischen Ungeheuern vielleicht auch ein Forum der Wut auf die eigene Gegenwart sehen, betongewordene Frustrationen. Wer so etwas baut, kann nicht mit der Welt zufrieden sein, die ihn umgibt. Fortwährend bastelt er an Dingen und Lebewesen, die weit über alles Sichtbare hinausgehen. So ist es kein Wunder, daß sich eine Station auch der Möglichkeit von Außerirdischen in diesem Universum widmet. Auf der Erde wurde Gruß jedoch von beiden politischen Systemen geehrt. Zuerst verlieh ihm die Akademie der Wissenschaften der DDR 1984 die Leibniz-Medaille, dann folgte 1996 Bundespräsident Herzog mit dem Bundesverdienstkreuz. Drei Jahre später betrat der Mann aus Kleinwelka das Guinness-Buch der Rekorde. 2006 verstarb er. Er hinterließ ein Reich der Phantasie, dessen Grenze man mit einer Eintrittskarte überschreiten kann.

Vor der Rückfahrt noch ein schneller Blick auf das frühmorgendliche Bautzen/Budyšin, ein Ort, der für mich nur als DDR-Gefängnis existierte. Aber hier ist sie, die zweisprachige Stadt, mit einem Dom, der von beiden Konfessionen genutzt wird, einem sorbischen Museum auf der Burg, einem sorbischen Buchladen. Im Museum fand gerade eine Führung für eine russische Gruppe statt. Die Russen schienen sich heimisch zu fühlen, wie bei Verwandten auf Besuch. Es ist schön, wenn auf einer Reise in die Ferne plötzlich Nähe aufschaut. Schön ist es aber auch, wenn in der Nähe das Ferne wetterleuchtet.

•|•

Erste Mythologische Fahrt (Oktober 2008)

ANDRÉ SAGTE, NUN WOLLEN WIR UNS DIE MYTHEN VON EINER ganz anderen Seite ansehen, von der Erde selbst. Sie bringt den Stoff der Mythen hervor, aus dem die Menschen dann die merkwürdigsten Dinge kneten. Wir wollen uns das unterirdische Leben anschauen, auf dem wir stehen, und wir wollen sehen, was die Dichter dazu sagen. Wir fahren also zum Kyffhäuser-Gebiet, aber nicht um uns den alten Kaiser anzuschauen oder ihn herauszurufen, auch nicht um die Denkmalskultur der Kaiserzeit zu studieren. Wir wollen wissen, was unter und in der Nähe des Kyffhäuser die Erde verbirgt. Wenn man als Westfale »Kyffhäuser« hört, denkt man an gar nichts Geographisches. Kyffhäuser sind oder waren für uns die Vereine der Kriegsveteranen. Mag sein, daß sie sich irgendwo einmal im Jahr versammeln, aber das Wo interessierte uns nicht. Erst als ich nach Leipzig kam, vor 15 Jahren, wurde mir der Kyffhäuser erklärt.

Der diesjährige Ausflug des Mythologenklubs führt also zum Kyffhäuser. Der Arbeitskreis für Vergleichende Mythologie ist, deutschlandweit gesehen, ein einmaliger Verein. Im deutschen Vereinswesen gebührt ihm ein eigenes Denkmal, aber nicht aus Stein oder Bronze, sondern ein *denk mal*! Der Verein widmet sich nicht einer Mythologie, sondern vielen, wenn nicht allen. Aus allen Kulturen der Welt berichten die Referenten, von den australischen Aborigines bis hin zur Science Fiction interessiert alles, worin der Mythos tätig ist: mit anderen Worten die menschliche Imagination.

Wir trafen uns bei McDonald's an der Ausfahrt Sangerhausen Süd und bewegten uns in einem Troß Richtung Artern, wenige Kilometer weiter bis kurz vor die Windmühlen. Ein moderner Don Quijote hätte einiges zu tun, wenn er gegen diese Geister kämpfen müsste. Wir stellten uns unter eine solche Energiemühle und André erklärte uns den landschaftlichen Aufbau um den Kyffhäuser herum – die verschiedenen Bodenschichten, die vor 250 Millionen Jahren hochgeschoben wurden, das Meer und seine Sedimente, die wellenförmigen roten Steinschichten. Und tatsächlich fanden wir im Geröll an der Mühle eine Menge solcher Platten. André muß sich beruflich mit diesem Geschiebe beschäftigen, er ist als Bauingenieur beteiligt am Autobahnbau zwischen Erfurt und Sömmerda. Vieles, was ihr jetzt seht, sagt er, wird in fünf, sechs Jahren nicht mehr da sein. Ein Grund mehr, auf Spurensuche zu gehen, dorthin wo Geologie und Imagination ineinandergreifen. In Artern entspringt eine Solequelle, denn die Erdschichtungen haben für Salz gesorgt in dieser Gegend; sie liegt unterhalb des örtlichen Friedhofs und speist ein Wellness-Bad in der Ferne.

André traf vor einigen Jahren den Vorsitzenden des örtlichen Heimatvereins, der ihm begeistert mitteilte: Ich habe einen Platz an der Quelle! Erst vor zwei Monaten verstand er diesen rätselhaften Satz. Gleich neben der Quelle ist nun ein Grabstein, auf dem der Name des Vorsitzenden zu lesen ist. Novalis beschrieb diese Quelle ausführlich in einem Brief und möglicherweise ist sie die Vorlage für eine Salzquelle in seinem nachgelassenen Roman *Heinrich von Ofterdingen*, dem Werk, in dem die Blaue Blume der Romantik zu blühen begann. Dort heißt es: Heinrich »ward [...] einen mächtigen Strahl gewahr, der wie aus einem Springquell bis an die Decke des Gewölbes stieg.« André kennt sich bei den literarischen Bergwerksinspektoren, allen voran Novalis und Goethe, aus; er hat so gut wie alle Schächte und Wer-

ke besichtigt, die die beiden damals inspiziert haben. Goethe und Novalis waren sich nicht grün, und doch schenkte Novalis Goethe einen höchst raren Honigstein aus dieser Gegend. André erwarb vor einigen Jahren von einem Sammler einen solchen Honigstein und es kann durchaus sein, daß es der von Goethe und Novalis ist, denn es gibt nur wenige auf der Welt.

Wir zogen zu einem Teich am Wäldchen. Der Teich füllt eine ehemalige Braunkohlengrube. Mit der Kohle wurde das Salz dem

VORHARZ

Wasser entzogen. Novalis berichtet von dieser Grube und wenige hundert Meter weiter ist ein verschütteter Schacht. André war sich sicher, daß dies der Schacht des Dichters war. Wir holten unsere Bohrgeräte heraus und begannen mit der Hand in den Boden zu bohren. Bald durchstößt man eine Wand, es beginnt zu rieseln, die Erde wird braun wie Kaffeesatz. Dann muß man weiter seitwärts bohren und holt festere Stücke heraus. Wir glühten sie an mit dem mitgebrachten Brenner und schnüffelten Braunkohle. So roch die DDR bis 1992. Nostalgie will sich aber nicht entwickeln unter den Ostriechern. Ich als Westriecher kenne den Geruch nur von meinen Wanderungen in Wales und Schottland und das waren schöne Zeiten.

Nachmittags steuern wir das Karstgebiet im Südharz an. Der periodische See ist das Ziel, im Volksmund Hungersee genannt. Und wie wir so durch den Sumpf im Tal stapfen, seh ich mich in der *Verlorenen Welt* eines Conan Doyle, den Amazonassümpfen eines Jules Verne, und mir wird klar, daß die Wunder der Welt nicht in Südamerika und Afrika beginnen, sondern gleich um die Ecke. Denn der See ist ein Wundergebilde, mal ist er da, mal nicht. Wir gehen zum Spundloch, aus dem das Wasser heraustreten kann, in den es hineingesaugt wird. Die Karstfelsen sind hell und brüchig, wir packen uns alle große Stücke ein zur Erinnerung und das wird von den entgegenkommenden Wanderern kritisch kommentiert: Ihr räumt ja die ganze Landschaft ab! Und das stimmt. Allerdings wird diese Landschaft wie alle Landschaft immer auch mit der Zeit abgeräumt. Die Zeit packt sich Riesenmengen an Steinen in ihren Rucksack und verteilt sie später an ihre Günstlinge.

•|•

Das verschwindende Dorf (November 2008)

Im Nebel fuhren wir los und plötzlich waren Hochspannungsmasten und Bäume vergleichbar geworden, als verschiedene Formen von Geäst. Das eine Geäst war ausgerichtet auf bestimmte geordnete Linien in die Horizontale, das andere war ein offenes Geflecht, das in alle Richtungen tastete. So auch das menschliche Leben, das sich Bahnen macht, in denen es lebt und sich organisiert, während die Natur weitaus offener vorgeht.

In Borna steht heute die kleine Emmauskirche aus Heuersdorf. Vor einem Jahr fand der große Umzug statt, bevor das Dorf von den Baggern aufgefressen werden sollte. Aber heute morgen ist sie geschlossen, die Völker strömen in die große Kirche zum Gottesdienst. So schauen wir uns dieses von der Welt etwas vernachlässigte Borna an, und doch sollte jeder einmal dort gewesen sein, auf seinem hübschen Rathausplatz mit dem interessanten Brunnen aus Porphyr und Gold und der steinernen Bank. An Tagen, da alles geschlossen ist, nimmt man sich lieber einen Stift und schreibt alles ab, was auf den Tafeln der Wände einer Stadt geschrieben steht. Es ergeben sich dadurch Ausblicke in die Geschichte und merkwürdige rote Fäden überziehen so fast jede menschliche Ansammlung. Dr. Wilhelm Külz, der Gründer der Liberal-Demokratischen Partei, wurde hier gleich neben der Kirche geboren und zwar 1875, wenn auch noch nicht als Doktor. Luther übernachtete im Wirtshaus, nachdem er von irgendwoher kam und irgendwohin weiterfuhr. Das war 1522. Der Erfinder und Motor des Leipziger Völkerschlachtdenkmals wurde ernsthaft in Borna geboren. Wenn man am Völkerschlachtdenkmal steht und dieses unwiderlegbare Faktum erfährt, läßt es einen eher kalt. In Borna aber wird es einem warm ums Herz. Plötzlich wird man in diesem Häuschen geboren, born in Borna, zieht hinaus in die Welt, lernt Architektur und wird zum Erbauer des größten alleinstehenden Denkmals Europas, hier also wirklich ein Alleinstellungsmal, und so nimmt man an der Weltgeschichte teil. Liest man es umgekehrt, so verliert man sich aus den Augen derselben Geschichte und verschwindet ohne Wenn und Aber wieder in seinem angestammten Borna. Wir gehen auch zu einer alten Backsteinkirche, der heiligen Kunigunde gewidmet; umgeben ist sie von einem verwilderten Friedhof, von dem nur noch Grabsteine an den Wegrändern stehen, alle in Form eines Wehrmachtkreuzes, Gedenksteine aus dem Ersten Weltkrieg, verwittert, kaum noch sind Namen zu erkennen, die Zeit reibt und schabt an allen Formen, während sie neue entwirft.

Sparkasseninschrift: *Des Volkes Sparsamkeit bildet die Grundlage seines Wohlstandes.* Die Fraktur legt einen Termin aus der Nazizeit nahe. Tafel: *Gustav Friedrich Dinter, der sächsische Pestalozzi,* dessen Geburtsstätte angezeigt wird. Geschäft: *Pizza-Dürüm-Döner-Haus Borna.* Das ist echter Borna-Rap. Ein Kakteengeschäft wirbt: *Beraten, anschauen, verkaufen!* Auf dem Weg nach Heuersdorf ein Karnevalsplakat aus Greitzsch: *44 Jahre Greetzsch Oho!*

Nach dieser Einstimmung auf Fasching suchen wir Heuersdorf. Vielleicht gibt es gar keine Schilder mehr? Vielleicht hat die Mibrag, Mitteldeutsche Braunkohlegesellschaft, jegliches Zeichen seiner Existenz verschwinden lassen. Niemand soll sich mehr an dieses Heuersdorf erinnern. So wäre es jedenfalls zu DDR-Zeiten gewesen, sagt Ulrike. Doch eine Frau, die sich in die letzte Herbstsonne am Morgen auf den Hof gesetzt hat, kennt dieses Heuersdorf, sie weiß den Weg. Und Schilder gibt es auch noch, sagt sie. So erreichen wir bald Heuersdorf, das dabei ist, von den Landkarten zu rutschen, denn der Energiehunger treibt die Bagger immer weiter in die Braunkohlelandschaft, der Strom, die Wärme, die vielen elektrischen Geräte, die Beleuchtung, alles will gefüttert werden von dieser braunen Erde und so frißt der unersättliche Riese ein Feld, einen Berg, ein Dorf nach dem anderen. Man opfert sie ihm, wenn auch nicht ohne Widerstand, aber man weiß, wenn man es nicht tut, wird es einem nicht mehr so gut gehen. Das halbe Dorf ist noch bewohnt, aus einem Haus kommt Kinderlachen. Die Widerstandszentrale in der Mitte ist beklebt mit Plakaten gegen die Bagger und gegen die Entwurzelung und Verschiebung, gegen die großen Konzerne, gegen die Globalisierung. Aus Protest hängt in diesem Laden eine riesige amerikanische Flagge oder warum sonst? Es ist ein lehmiger bis lahmer Sonntagmorgen und vor der Sportkneipe werden noch Bierkästen im Wägelchen angeschoben. Etwas überrascht schaut man auf die zwei Besucher, denn Besucher dürfte es eigentlich gar nicht mehr geben. Für Heuersdorf interessiert sich keiner mehr, seit alles klar ist und die Kirche unter großem Mediengetöse durch die Welt geschoben wurde. Im Sommer 2006 gab es noch einmal ein kulturelles Aufbäumen, obwohl der Ausgang festlag. Wir fuhren mit einem Bus von Leipzig in das sich leerende Heuersdorf, gingen herum und setzten uns schließlich an lange Tische in einem Hof, wo Getränke warteten. Dann spielten Leipziger Schauspieler ein Stück über einen Sizilianer, der nach Jahren der Abwesenheit für einige Tage heimkehrt (Elio Vittorini, *Gespräch in Sizilien*). Darin lag schon die Melancholie des Abschiedes, der jetzt Heuersdorf bevorstand.

Endlich stehen wir vor einer hohen Metallzaunabsperrung. Daneben ist das Feuerwehrhäuschen von Heuersdorf und zwei Sicherheitsangestellte sitzen da bei lauter Musik aus dem Kofferradio, mit Kreuzworträtsel und Tee. Nein, Weitergehen ist nicht, dahinter beginnt das große Loch. Dort wo die Kirche stand, ist jetzt nur noch Loch. Es gibt ein paar bewohnte Häuser hinter dem Zaun, aber die Abreise der Bewohner ist nur noch eine Sache nicht von Wochen, sondern von Stunden. Wenn Sie dort etwas mitnehmen möchten, müssen Sie bei der Mibrag Entnahmescheine kaufen. Gehen Sie doch mal zu unserem Mibrag-Büro, gleich hinterm Dorf. Im übrigen, sagt der Wächter, sollen die Leute ganz schöne Abfindungen bekommen haben, einige haben sich damit Häuser in Frohburg und Rötha gebaut.

Nein, die Entnahmescheine wollen wir nicht, wir ziehen ziellos durch den Rest des Dorfes, halb bewohnt, halb leer. Da ist eine weitere Kirche auf dem Hügel, die Taborkirche, dreihundert Jahre alt. Durch ein Fenster sieht man hinein auf den Altarraum, der von bunten Fenstern umgeben ist, eine einfache protestantische Kirche. Gleich anliegend der Friedhof, auf dem rotweiße Absperrbänder gespann sind. Die große Grabräuberei hat hier begonnen, die Erde ist aufgewühlt wie am Jüngsten Tag, der Boden auf merkwürdige Weise entheiligt – so als sei selbst die ewige Residenz inzwischen von Unruhe erfasst worden, wie das Leben davor, und man eile von Stätte zu Stätte und es gebe keinen Halt mehr im ganzen Universum. Wir reden hier nicht einmal vom Göttlichen oder Ewigen, nur von dem kleinsten gemeinsamen Nenner aller Menschen, die nach all ihrem Streben auf der Suche nach Ruhe sind. Nur zwei Gräber, neu und glänzend, sind unberührt, wer weiß, was man mit ihnen vorhat, oder ob sie der Herr Landrat besonders sorglich behandelt haben will. Auf der verschatteten Vorderseite der Kirche noch ein Familiengrab, das den Rittergutbesitzern gehört. Der Pfarrer, lese ich ein paar Tage später in der Bildzeitung, hat schon viele Umzüge aufgrund des Tagebaus mitgemacht. Für jeden hatte er eine Kerze angezündet und es waren schon 23 geworden. Eine 24. hoffte er nie anzünden zu müssen, doch jetzt war die Zeit gekommen. Er hat Gott um Vergebung gebeten und nun wandern die Bänke in die Ferne. Die schönsten Teile der Kirche sollen anderswo in anderen Kirchen wieder auftauchen, eine Form des Überlebens.

Wir streifen noch im Dorf umher, in verlassenen Pferdeställen, und gelangen zum Rittergut selbst, das kaum noch bewohnt ist, so als verwandle sich die ganze Hofanlage allmählich in ein Grab, das im Maßstab eins zu eins zum Leben gebaut wurde, so wie es einst die chinesischen Kaiser anstrebten. Da sind noch schöne Mauern, vielsprachig in ihrem Verfallen, da leuchtet noch eine Kastanie, die vom Untergang nichts weiß, und da springt noch ein Hund auf der Wiese am Pfarrhaus hinter einem Ball daher, den ihm jemand geworfen hat. Eines Tages werden Menschen hier über Seen dahingleiten und sich sonnen auf riesigen Grabhügeln. Heuersdorf? Heuersdorf? Nie gehört.

HEUERS
DORF

AUFGEL.

TABORKIRCHE

Bunker, Schloß und Ringelnatz (April 2009)

BEI SCHÖNEM WIND AUF DIE STRASSE MIT DEM RAD, ÜBER
Beucha und Brandis nach Machern. »Wer Eis essen möchte, hat
gute Karten, wer warm essen möchte, null Chance«, spricht die
Wirtsfrau vorm Schloss, denn sie wartet auf einen Bus mit 35, die
das Mittagessen bekommen sollen. Überhaupt sind viele Busse
nach Schlössern unterwegs. Rentner aus West und Ost ziehen an
Schlössern und Gärten vorbei und lassen sich inspirieren für ihren
Gartenbau. Vom fast übergepflegten Machern durch die Wälder
an den Lübschützer Teichen vorbei, durch eine Ferienkolonie, wo
die Gartenzwerge noch gähnend sich recken und strecken, um sich
an den Frühling und seine schönen Arbeiten zu gewöhnen. Man
fährt durch Laubwälder und stößt auf überwachsene Betonblöcke,
abgebrochene Projekte, Reifen, verblasste Schilder. Und dann das
Tor zum Stasibunker Machern, der nur am letzten Wochenende
des Monats geöffnet ist und heute ist das letzte Wochenende im
April. Aber zunächst geht es weiter nach Püchau, auf der engen und
schnellen Straße von Wurzen nach Eilenburg. Das Schloß ist halb
versteckt im Dorf, nicht weit von einer verträumten Kirche, deren
Brücke versperrt ist wegen Bruchgefahr. Es ist ein wenig schläfrig
und romantisch, spitze Türme und Zinnen, Wendeltreppen und
Spitzbogenfenster. Man fühlt sich am Rande der Geschichte, auf
einer Insel in der Zeit, die mich immer an Clemens Brentanos Märchen von »Gockel, Hinkel und Gackeleia« erinnert. Ein Innenhof,
Gewerke rundherum, eine Druckerei, eine Autoreparatur, und als
ich vor Jahren das erste Mal hier war, gab es noch eine kleine Rep-
tilienschau in einem Geschäft, das inzwischen geschlossen wurde.
Die Schlange wurde aus dem Paradies gewiesen und die Menschen
dürfen weiter träumen. An unerwarteten Orten wird man von einer
schlingenförmigen Schrift, die die Goethezeit anmuten lässt, um-
fangen. Die Schloßherrin hat so manchen geistig-kulturellen Wink
hinterlegt und lässt uns an einer kleinen Schnitzeljagd teilnehmen.
Vom Schloß schaut man auf eine Weide, in die ein Labyrinth ein-

gezeichnet ist und folgerichtig erzählt die schwingende Hand von Minos, Pasiphae und dem Minotaurus, von Theseus und Ariadne und dem roten Faden durch die Verwirrung.

Ihre Führungen durch das Schloß, bei denen plötzlich der Gatte mittelalterlich verkleidet auftritt und -trumpft, sind legendär. Auch die Himmelfahrtspicknicks im grünen Labyrinth draußen auf der Weide, bei denen Gedichte, Musik und Sketche dargeboten werden, sind es, nicht anders als die weihnachtlichen Tafeln und andere Festgelegenheiten. Einmal durften wir, das war 2007, als Max Klinger 150 Jahre alt wurde, an einem Klinger-Tafelbild teilnehmen. Da standen immer wieder einige von der Tafel auf, sangen ein Lied, gingen verkleidet als Klinger umher, zeigten auf ein Bild des Meisters und gaben kunsthistorische Einblicke oder hüpften einfach verrückt herum, um reitende Zentauren darzustellen, wie Klinger sie liebte. Bei Klinger wird jeder fündig. Der überladene Marmor-Porphyr-Edelstein-Beethoven, eine zerfließende Torte, der man einen ganzen Saal im Leipziger Bildermuseum zur Verfügung stellt, ist historisch interessant, doch man möchte ihn weder als Miniatur noch als Gartendekoration aufstellen, höchstens in einer Schneekugel mit Musik. Manche Gemälde sind zu dumpf-dunkel, schweben in der Dämmerung. Dafür aber gibt es Skulpturen und Figuren, es gibt surrealistische Bildfolgen, wie die über den Handschuh, welche in ihrer Traumlogik an de Chirico und Max Ernst heranreichen. Sie waren natürlich auch Bewunderer von Klinger. Ein Leipziger Nachtwächter erzählte mir neulich, man habe einmal vorgehabt, Klinger-Touren für Besucher durch Leipzig zu machen, doch das Interesse wäre zu gering gewesen, viel Aufwand für ein bis zwei Touren pro Jahr. Klinger ist nicht präsent. Vor hundert Jahren war er eine erdrückende Erscheinung in der Vorkriegskultur, ein Fürst wie Lembach und Hodler, ein Despot gar. Da beruhigt es mich, daß man auf dem Püchauer Tafelbild mich mit einer Simulation von Klinger verwechselte, als Simulant eines Simulanten. So wird Klinger in seinem Spiegelsaal in die Unendlichkeit projiziert.

Gerne beruft sich die Schloßherrin auf ein Dokument, in dem Thietmar von Merseburg im Jahre 924 eine »Urbs bichni« vermeldet, ein befestigtes Dorf. Damit sei Püchau der früheste bezeugte Ort in Sachsen. Die Ansiedlung und Festung war wichtig für Heinrich I. in seinen Feldzügen gegen die Daleminzier. Tja, wer waren die? Slawen waren es wohl, deren Namen die Deutschen mit den Dalmatiern in einen Topf warfen, denn sie selbst nannten sich nach ihrer Gottheit Glomuci. Das war die Gottheit eines Sees, der inzwischen ausgetrocknet ist. Der Name Lommatzsch soll darauf zurückweisen. Dieses Elbevolk wurde also unterworfen von den Sachsen. Ich notiere mir einige Namen von Besitzern dieses alten Schlosses: Herren von Bichin, Familie von Spiegel, Utz von Ende, B. Ziegler von Kliphausen, Abraham von Ende, Heinrich von Taube, Herren von Bünau, Freiin von Hohenthal, Graf von Hohenthal-Püchau. 1885–1888 arbeitete Constantin Lipsius, der den neugotischen Umbau der Thomaskirche leitete, an einem entsprechenden Umbau des Schlosses, und zwar nach Entwürfen von Oscar Mathes, einem Schüler von Gottfried Semper. 1945 wurden die Schlossherren enteignet und so diente es wie viele andere Schlösser und Adelshäuser zunächst der sowjetischen Kommandantur, dann ab 1948 als Alten- und Pflegeheim. 1998 erwarben die Immobilienmaklerin Benita Goldhahn und der ehemalige Gosenwirt Lothar Goldhahn das Anwesen, das zwischenzeitlich schon sehr heruntergekommen war. Über die Jahre haben sie vieles restauriert, wenn auch behutsam und ohne das Alte immer zu überdecken. Das Schloß ist ein Palimpsest, in dem noch viele Handschriften sichtbar sind.

Lothar Goldhahn kann hier ganz seiner jungenhaften Entdekkerlust nachgehen. Über die Jahre kommt immer wieder ein Stück Vergangenheit hervor, ein Kratzer Geschichtsschreibung hier, eine Impression aus der Tiefe der Zeit dort. Einmal entdeckte er beim Ausbessern einen alten Fahnenhalter in der Wand. Er stocherte hinein und stieß auf etwas Weiches. Es war eine tote Ratte, gut, man warf sie angewidert weg, aber man stieß gleich wieder auf etwas Weiches. Diesmal handelte es sich um einen Hut. Lothar entfaltete das Teil und fand unter dem Schweißband eine Zeitung – aus dem Jahre 1888. Darin ging es um Aufstände und Arbeiterproteste. Aufgrund eines Fotos gelang es ihm, den Hut zuzuordnen. Er durfte einem

Häftling gehört haben, denn Häftlinge mussten 1912, nachdem ein Orkan das Schloß verwüstete, es wieder herrichten, und diese Arbeiter trugen genau solche Hüte. Warum aber endet ein Hut in einem Fahnenhalter? Lothar fand auch ein Ziegel aus dem Jahre 1256 und einen Haufen gelber Ziegel aus dem Jahre 1936. Dabei hatte er immer gedacht, die gelben Ziegel seien typisch DDR. Und er fand eine Flaschenpost, die über die Wogen der Zeit durch das Gemäuer geschaukelt war, aber es stand nichts Besonderes drin und alt war sie auch nicht, irgendwas aus den 1950ern. Man sollte sie wieder in den Fluß der Zeit werfen und der Zukunft zuschanzen. Sie wird darin ein Orakel entdecken. Ohne die Zeit würde gar nichts zum Orakel, die Zeit verrätselt die Dinge, die für sich ganz einfach sind.

VIER GRAZIEN BEI PÜCHAU

Eigentlich ist so ein ganzes Gebäude nichts als eine Flaschenpost aus der Vergangenheit. Überall hat man Zeichen eingegraben für eine unbekannte Zukunft. Vielleicht sind all unsere Taten und Gedanken nichts als Zeichen für diese unbekannte Zukunft. Vor einiger Zeit entdeckte man bei der Sanierung des Völkerschlachtdenkmals einen Brief von den Bauleuten an die Zukunft gerichtet. Am 23. Januar 1913 notierten sie (wie die LVZ vor einigen Jahren berichtete), was sich derzeit so in der Stadt alles tue: Einweihung des Hauptbahnhofes, eine Baufachausstellung und das 12. deutsche Turnfest. Am 18. Oktober werde das neue Völkerschlachtdenkmal eingeweiht. Man ist begeistert von den Zeppelinen und es vergehe kein Tag, an dem nicht ein Aviatiker aus den Lüften herunterstürze. Und sie machen sich Gedanken über den Balkankrieg: »Hierbei könnte es zu einem Weltkrieg kommen, denn jede Großmacht mobilisiert.«

Auch in Püchau ist das Jahr 1913 fühlbar. Damals wurden die Bronzeadler eingeschmolzen, obwohl der Krieg noch gar nicht begonnen hatte. Wahrscheinlich gab es zu viele Adler im Deutschen Reich und zu wenig Kanonen. Die Zeit der Adler war vorbei und die Zeit der Kanonen war gekommen. Man hat die Greifvögel wieder neu gegossen und nun sollen sie darauf achten, daß sich ihnen keine Großmacht mehr nähert. Dagegen ist die Metallschrottskulptur im Hof ein etwas hilflos-häßlicher Verweis auf unseren Umgang mit Rohstoffen. Im Blumenkübel ein riesiges Plastikherz, ich liebe euch doch alle, sagt die Kunststoffseele, und pflanzt sich in die Blumenerde. Im dunklen Gastraum tafeln unverzagt dreißig Alte, sie warten essend auf den Bus, der sie wieder abholen soll.

Richtung Wurzen radele ich weiter und komme noch einmal zum Stasi-Bunker an den Lübschützer Teichen. Umgeben und überbaut ist er mit Ferienhütten, die vortäuschen sollen, daß es sich hier um Teile der Ferienkolonie an den Teichen handelt. Die Kartenlegende lautete: »Betriebseigene Ferienanlage VEB Wasserwirtschaft.« Immer wenn es um Geheimnisse geht, wird die Kunst der Ablenkung wichtig. Man sieht getarnte Luftansaugstellen auf dem Gelände, als

wohne dort unten ein Ungeheuer, das an Atemnot leidet. Hunde-
zwinger, Hundeketten und andere Wachelemente stehen verstreut
herum, die Vögelchen scheinen immer noch Funktöne nachzuma-
chen, die schon seit zwanzig Jahren verschwunden sind, aber wahrscheinlich wurde hier gar nicht gefunkt.

Heute führt ein Zivi durch die Gänge, klärt Mythen auf, erläu-
tert die Technik, die zum Einsatz gekommen wäre. Der Umkreis
des Bunkers war zu 95% von der Stasi erfasst und unter Kontrolle,
so auch alle Besucher. Die Anwohner hätten nichts bemerkt, nur
einige hätten sich nachts über Baubewegungen gewundert; auch
die Zäune waren verdächtig. 1989/90 hat man die Anlage entdeckt
und besonders hat sich ein Pfarrer für die Erhaltung eingesetzt. Im
Ernstfall wären 100 Stasileute hier untergebracht worden. Es wären
auf 95 Männer fünf Frauen gekommen, die man als Sekretärinnen,
in der Küche und Krankenpflege vorgesehen hatte. Außerdem gab
es zwei KGB-Agenten hier unten, die die Linientreue der Stasi über-
wachen sollten. Eventualitäten sind an allen Wänden zu erkennen
in den Tafeln, Warnungen und Inschriften: Der Konjunktiv regiert,
es wärt und hättet sich auf allen Ebenen. Botschaften innerhalb des
Labyrinths wurden von laufenden Kurieren getragen, für den Fall,
daß doch irgendwo ein Westspion säße. Die Anlage wurde in Stasi-
Regie von Stasi-Baufirmen gebaut, denn zivile Firmen durften hier
nicht mitmischen. Das Ganze wurde zwischen 1968 und 1972 errichtet, in der Hochzeit des Kalten Krieges, nach dem Einmarsch
in Prag und zu Zeiten des Vietnamkriegs. Man nutzte U-Boot-Tech-
nik für dieses unterirdische Schiff. Lufterneuerungsbehälter konnten 62 Stunden lang nach dem Schlag noch Luft bringen. Nahrung
und Luft waren auf sechs Tage angelegt, Strom auf 16 Tage. Wenn
überall nur noch Tote lägen, würde das Licht noch etwas brennen
und die Uhr noch weiter ticken. Für den Notfall konnte auch mit
Hilfe eines Lüfterfahrrads für Luft gesorgt werden. Wenn der Sani-
täter im Nebenraum nichts zu tun hatte, musste er trampeln. Dann
gab es noch den Geheimnisraum, der nur ein bis zwei Offizieren bekannt war. Es war der Operationsraum, der in keinem Bunkerplan
verzeichnet war. Man war an drei Telefonnetze angeschlossen: das

öffentliche, das der NVA und das der Stasi. Eine Abhörmöglichkeit gab es von hier aus allerdings nicht. Und das bringt Zweifel über die Anlage auf. Denn warum hätte eine solche Stasi in einem Kriegsfall privilegiert sein sollen, ohne jedwede Operationsmöglichkeit? Später, in einem Gespräch mit dem Generalmajor a. D. der Leipziger Volkspolizei, erfuhr ich: Dieser Bau war gar nicht für die Stasi bestimmt, es handelte sich um eine rein militärische Anlage, die von der NVA im Falle eines Krieges benutzt worden wäre. Ralph Grüneberger hat ein Gedicht geschrieben: »Bei den Lübschützer Teichen«

Im Radar der Libellen
Die Anlage, ein Erholungsheim
Volkseigener Menschen
Die nichts wussten, wie
Menschen nie etwas wissen, von
Den unterirdischen Duschzellen
Und bewachten Brandschutzschaufeln
An der Lagerpforte. [...]
Geöffnet ist heute die Geschichte
Wie eine Gruft.

Die Tour geht zurück über Wurzen, das ja mit Bennewitz eine rechtsradikale Last trägt. Wie um alle Zeitungsmeldungen zu bestätigen, feiern unten an der Mulde tatsächlich junge Nazis mit grölender Musik. Zu einem also fahre ich, der mit den Nazis nicht konnte: Joachim Ringelnatz. Lange hatte er sie nicht ernst genommen, aber kaum waren sie an der Macht, erhielt er Auftrittsverbot. Aus der Schule kannte ich das Gedicht über die Ameisen, die nach Australien wollten, und natürlich die Kachel, die man im Falle von Liebe ohne Bedenken verschenkt. Auch der Sauerampfer erhielt durch Ringelnatz einen Kultwert. Aber daß er viel für Kinder schrieb, Dramen verfaßte und Maler/Zeichner war, wußte ich nicht. Ich klopfte um 16.50 Uhr an sein Geburtshaus, doch das schien längst nichts mehr mit Ringelnatz zu tun haben zu wollen. Ein Hinweis brachte mich ins Städtische Museum, da war es 17.00

Uhr und eigentlich wurde jetzt geschlossen. Aber die Frau an der Kasse zeigte sich kreativ. Es sei noch eine Kindergruppe im Museum unterwegs und die Betreuerin könnte mich eventuell in das Ringelnatz-Zimmer einsperren, wo ich doch extra aus Leipzig herangeradelt sei. Das war im Geiste von Ringelnatz gedacht. Die Betreuerin spielte mit, machte Licht und überließ mich dem turbulenten Leben und Werk des größten Wurzeners. Aus Museen bleibt meist wenig hängen. Mir fällt der Name »Muschelkalk« ein, mit dem er seine Freundin ansprach. Als er in Wurzen geboren und Hans Bötticher getauft wurde, besuchte dort Otto Julius Bierbaum die Schule. Mit drei Jahren kam Hans nach Leipzig. Sein Vater war Musterzeichner und Schriftsteller mit einem Hang zum Nonsens. Überhaupt dieser Georg Bötticher. Er pflegte Umgang mit Max Klinger und korrespondierte mit Gustav Freytag, Wilhelm Raabe und Adolph von Menzel. Dem Reichskanzler Bismarck widmete er ein Werk. Viel schrieb er für Kinder und Familie. Fontane lobte seine anheimelnde Kunst. Auch Hans' Mutter Rosa Marie war kunstgewerblich tätig und eine geistig rege Frau. Der Sohn aber konnte die Schule nicht ertragen: »Schönschrift und Orthographie brachten mich zur Verzweiflung. Kein Lehrer mochte mich leiden. Meine Hefte waren schmierig.« Einmal lieh er sich Geld und verschwand in der Pause. Der Weg führte in den Leipziger Zoo, wo gerade eine Völkerschau stattfand. Dort ließ er sich von einer Samoanerin am Unterarm tätowieren, wobei ich gern wüsste, womit. Jedenfalls reichte das Tattoo, um von der Schule zu fliegen. Bald wurde er Schiffsjunge, Jahrmarktausrufer, Bibliothekar, Marineleutnant auf einem Minensucher, Zigarrenhändler und Kabarettist, mit einem Wort: Er wurde Joachim Ringelnatz. Alfred Polgar schrieb:

»Dieser unvergleichliche Ringelnatz hat den Stein der Narren entdeckt (welcher, wie wunderbar, dem der Weisen zum Verwechseln ähnlich sieht).«

Radtour in die Revolution (Mai 2009)

Man braucht immer den Stein des Anstosses, um sich näher auf seine Umwelt einzulassen. Diesmal kommt er aus England, aus Reading an der Themse, und trägt das Pseudonym Dr. John Partington. John, ein alter Freund und Leipzigfan, hat soeben einen Vortrag über Clara Zetkin in der britischen Politik gehalten und möchte nun nichts dringender, als ihr Geburtshaus zu sehen. Da frage man mal sich und alle anderen Bekannten, Ursachsen wie Urleipziger, doch keiner kann dir das sagen, wo dieses Haus steht. John jedoch weiß es. Zetkin stammt aus Wiederau-Königshain in Sachsen. Das soll südlich von Leipzig liegen. Ich finde tatsächlich Wiederau auf der Karte, es hat auch ein Schloß, und es liegt wenige Kilometer von unserem Wunderbrunnen entfernt, gleich hinter Zwenkau. Wir bereiten uns also auf eine Kombination von Sozialismus und Wunderglauben vor, die ließen sich schön verbinden, wenn nicht John fortwährend insistierte auf ein Wiederau bei Chemnitz und zwar eins ohne Schloß, aber mit Kirche und Dorfschule. Tatsächlich finden wir auf der Karte dieses zweite Wiederau, es liegt in der Umgebung von Rochlitz und Wechselburg.

Mit der Bahn fahren wir von Holzhausen nach Geithain und steigen an diesem abgeleckten Bahnhof aus, wo ein älterer Herr, der traurig vor sich hin starrt, als warte er auf Züge, die es nicht mehr gibt, uns den Weg nach Narsdorf und Wechselburg zeigt, denn das ist die Richtung. In einer Gasse erklären uns zwei alte Sachsen, wie man am besten fährt, da kommt radelnd ein dritter Sachse mit Hängeschnurrbart und ruft: Weg da! Die beiden ziehen den Trinker von seinem Roß, du gibst jetzt erstmal Ruhe! Zu dritt wird uns der Weg nun ausbuchstabiert, von vorne nach hinten und zurück.

An Wechselburg erinnere ich mich, weil ich vor zwei, drei Jahren dort einen Klosterschnaps erwarb, der aber nicht sächsisch, sondern bayrisch war. In der Basilika findet heute eine Hochzeit statt, aber in der Ottokirche nebenan kann man sich niederlassen. Die Bänke sind mit alten und neuen Graffiti und Einritzungen versehen. Auffällig die Besitzertafeln, die dafür sorgten, daß die Wohlhabenden des Dorfes immer ihren richtigen Platz vor Gott hätten. Es geht ja immer um ordentliche Plätze im Leben, und das gilt selbstverständlich auch für das Jenseits. Überhaupt ist hier in den Bänken eine Miniaturwelt erschaffen worden. Vielleicht liegt der größte gesellschaftliche Beitrag der Kirche darin, Menschen, die ansonsten im dreidimensionalen Raum agieren, in zweidimensionale Reihen zu zwingen, wie es ansonsten nur die Armee schafft. Man tritt in Reih und Glied an vor den höheren Mächten. Die Gesangbücher liegen in Behältern an den Bänken, die wie Briefkästen aussehen. Nachts kommen die Geister und leeren die an sie adressierte Post, und wehe wenn sie falsch frankiert sind!

Wir fahren lange an der Mulde entlang, es entsteht das Gefühl, als ob man sich selbst durch die Landschaft mulde. Mulden, das ist doch ein schönes Verbum für Flüsse, die sich ins Land graben! Sicherlich ist »Moldau« verwandt damit. Eine gute Etymologie ist wie ein guter Reim, da wird zweierlei zu einem Schwingen gebracht.

Während einer Pause im Gasthaus zu den Drei Linden läuft das Fernsehen. Irgendwo in einer großen Stadt findet die Wahl eines Staatsoberhauptes statt, des Bundespräsidenten. Ein Markkleeberger scheint der Sieger geworden zu sein.

Wiederau liegt an einem Berg, hier beginnt schon das Vorland zum Erzgebirge. Kirche, Friedhof und Schulhaus bilden ein altes Zentrum. Die alte Dorfschule ist heute ein Clara-Zetkin-Museum, doch ist leider niemand da, es aufzuschließen. Wir rufen eine angepinnte Nummer an, es ist die einer Frau, die dem Heimatverein angehört und Führungen anbietet. Sogleich läßt sie Sonntagskaffee und Kuchen sowie ihren Mann stehen und kommt herüber. Immerhin ist hoher Besuch aus Großbritannien da. Und so kommt gleich nach der Begrüßung die Aufforderung, doch bitte etwas ins Gästebuch zu schreiben.

Unten im Flur hängt ein Porträt von Clara Zetkin. Nach der Wende zog eine Fahrschule ins Haus ein und wie es so die Art von Fahrschülern ist, beschmierten sie das Gemälde mit Filz und Nagellack. Dadurch aber lernte Frau Bergmann den Maler kennen, der das Bild restaurierte, und dazu noch vieles über Zetkin. Frau Bergmann sieht sich nicht als Anhängerin der alten Ordnung der DDR. Sie hat natürlich vieles mitgemacht, aber oft war sie mit Widerwillen dabei. Man mußte mit der Brigade, der FDJ oder den Pionieren immer wieder zum Denkmal und zum Haus, um sozialistische Feierlichkeiten über sich ergehenzulassen und deshalb hatte sie damals nichts für diese Zetkin übrig. Das Denkmal stand zuerst mitten im Dorf, es war der Dorfmittelpunkt. Der Künstler wollte immer, daß es neben ihrem Geburtshaus zu stehen käme, doch die Partei lehnte ab. Denkmäler gehören ins Zentrum, Punkt. Nach der Wende landete die Statue in einem Gebüsch, da wollte jemand Rache nehmen. Man stellte sie wieder auf, weil man meinte, Zetkin gehöre nun mal zu Wiederau, aber diesmal postierte man sie neben der Schule. Nun konnte sie, von Blumen umgeben, die Straße im Blick behalten und auch den leeren Ort, wo sie einst gestanden hatte. Doch die Rache war noch nicht beendet. Die Figur wurde eines Nachts wieder umgestoßen, vielleicht auch öfter. Man stellte sie immer wieder auf. Von wem wurde sie denn umgestoßen? frage ich. Frau Bergmann weiß das nicht, ich frage: vielleicht von Neonazis? Nein, sagt sie, so was gibt es hier überhaupt nicht.

Es kam auch die Zeit, daß man das Museum, das zu DDR-Zeiten eingerichtet worden war, überarbeiten mußte. Denn, so Frau Bergmann, die DDR hat um Zetkin herum Mythen erschaffen, die der Nachprüfung nicht standhalten. Ein sozialistischer Nebel. Weil die Leute im Dorf es besser wußten als die Partei und deren Lügen durchschauten, hielten sie sich fern vom Zetkinkult. So erfuhr sie schon als Kind, daß Zetkin gar nicht in diesem Haus geboren wurde. Sie war Flüchtlingskind und klopfte manchmal bei einer Frau an, die ihr Kakao schenkte, und diese Frau erzählte ihr, dass Zetkin in einem ganz anderen Haus geboren worden war, weil ihr Vaterhaus, das Schulhaus eben, gerade renoviert wurde. Diese Tatsache machte sie von Anfang an skeptisch gegen die Legende. Die DDR hat ein geradliniges Bild von dieser Frau produziert, Idealistin, Kämpferin, Übermensch. So war sie aber gar nicht, sie war Frau, Mutter, Kind, Mensch, und das heißt mehrdimensional. Also möchte sie diese

Vielschichtigkeit und Menschlichkeit stärker zeigen. Ich erinnere mich an die Rundfunkaufnahme einer Rede von Zetkin aus den dreißiger Jahren und glaubte damals die Stimme von Ulbricht zu hören in seinem Moskauer Sächsisch. Nichts als Parolen im politischen Kampf. Das kann man verstehen, wenn man die Kräfte der damaligen Zeit sieht, den tödlichen Faschismus vor Augen. Aber es bleibt ein Fakt, daß sie sich selbst reduzierte um diese menschliche Mehrdimensionalität.

1952 baute man die einstige Schule – sie war es seit 1902 nicht mehr – zu einer Gedenkstätte um. Zu diesem Zweck wurden vier Familien aus dem Haus herausgeworfen, das hat Frau Bergmann noch erlebt.

Weite Wege hat Zetkin zurückgelegt: das kleine Mädchen, das auf dem Dachboden in diesem sächsischen Dorf Shakespeare und Byron las und überhaupt Bücher in der Dunkelheit verschlang, bis zu der Frau, die in Archangelskoje starb und an der Kremlmauer begraben liegt. Ihre Mutter stickte 1864 eine Fahne für den Turnverein von Wiederau.

Noch eine Fahne: darauf ein Bild des bärtigen Turnvater Jahn, unter dem ein Turner turnt. Und rundherum die Gymnastik des Alphabets: *frisch fromm stark treu Turner auf zum Streite tretet in die Breite.*

Auf wie vielen Dachböden ist nicht eine neue Welt, überhaupt Geschichte entstanden.

Vor der Kirche draußen steht ein großer Stein: *Zum Gedenken dem Pfarrer und Dichter Arno Pötzsch, 23. XI. 1900 – 19. IV. 1956, Pfarrer zu Wiederau 1935–1938, Anno 2000*

Ja, dieser Pötzsch war ein ganz großer und unendlich viel hatte der zu leiden, in der Nazizeit und später, sagt Frau Bergmann.

Am Haus auf einer roten Porphyrtafel, was sonst:

Geburtshaus Clara Zetkin, geb. Eißner, Geb 5. 7. 1857, gest. 20. 6. 1933

Sie kämpfte für Gleichberechtigung, Frieden und Sozialismus

Der Revolutionär Ossip Zetkin gab ihr den Nachnamen, sie hatten zwei Kinder. Nach seinem Tod heiratete sie den Stuttgarter Maler Friedrich Zundel, der 18 Jahre jünger war als sie. Doch als er sich der Mystik und dem Christentum zuwandte, war die Entfremdung von der politischen Agitatorin vorprogrammiert. Sein Haus in Sillenbuch war zuvor immer Anlaufpunkt für sozialistische Kämpfer gewesen, so auch für Lenin. Seine spätere Frau Paula Zundel, geb. Bosch, Tochter von Robert Bosch, stiftete der Stadt Tübingen zusammen mit ihrer Schwester die Kunsthalle.

Dr. Partington und wir dürfen nun den Dachboden durchstöbern. Dort oben finden sich stapelweise Schriften und Devotionalien, Medaillen und dergleichen. Dr. Partington wird mit Schriftwerk überschüttet, auch darf er jetzt eine Zetkin-Medaille tragen. Er tut es nicht ohne Stolz und Rührung und verspricht Frau Bergmann, daß er noch Großes in Sachen Zetkin unternehmen werde. Der Beginn einer langen Freundschaft.

Zurück in die Realität gestoßen konsultieren wir die Landkarte. Die Rochlitzer Gegend hat etwas Verstörendes. Wenn man sich die Dorf- und Fleckennamen anschaut, stellt man fest, daß viele auch um Leipzig herum existieren. Es ist wie ein verwirrender Spiegel, als habe ein Kind die Landkarte durchgeschüttelt und die Namen finden sich irgendwo wieder. Holzhausen gibt es ebenso wie Meusdorf und wie Leipzig seinen Zetkin-Park hat, so hat Wiederau sein Zetkin-Haus.

In Bad Lausick herrscht Ruhe, nur ein Trupp Nazis macht einen lärmenden Naziausflug, denn sie brauchen eine Nazientspannung. Sie tragen Nazihosen und Naziköpfe, sie krähen mit ihren Nazistimmen, ein flüsterndes Schreien, würde Joseph Conrad sagen.

•|•

Der Zug nach Kötzschenbroda (Juli 2009)

AUCH WENN MAN ES AUS FUNK UND FERNSEHEN KENNT UND abendfüllende Kabaretts damit gesehen hat, in der freien Natur fällt einem dieses Dresdner »nu« doch wie aus einem Hinterhalt an, man ist entwaffnet und schaut etwas blöd in die sächsische Mittagsluft. Es ist Radebeul und Samstag, ein blitzblauer Himmel und eine etwas drückende Julihitze, die einen an die langen Sommer der Kindheit erinnert, in denen es wirklich heiß war und Sommer. Dieser Tag nämlich wird so schnell aus dem Kalender verschwinden, wie er hineingerutscht ist. Überhaupt werden, je älter man wird, die Kalender zu den reinsten Rutschbahnen. Mit dem leicht hingeworfenen »nu«, das doch ein Ja zur Realität ausdrückt – man stelle sich vor, Molly Bloom in Joyces Ulysses hätte statt diesem Yes/Ja immer Nu gerufen – mit diesem Stückchen Weltraum, das die Dresdner so geschickt verpacken, als sei es ein Bonbon, beginnt ein ethnologischer Tag. Doch keine Ethnologie ist bislang dem Sachsen als solchem auf die Schliche gekommen, dazu ist er zu heemtücksch und fischelant.

Der Weg zur Villa Bärenfett ist mit roten Steinen gekennzeichnet, auf denen Indianerfedern wehen oder andere Zeichen des Wilden Westens. Einst standen hier ringsum Busse aus dem In- und Ausland, vor allem aus der ČSSR. Alle wollten in die Villa Bärenfett und die Villa Shatterhand. Auch ich wollte schon lange dorthin, die Namen standen auf der Landkarte meiner erträumten Reisen. Man mache sich immer zwei Karten: eine mit den Orten, an denen man gewesen ist, eine andere mit denen, die man noch bereisen möchte. Das sind die zwei Hälften, aus denen unsere kleinen Welten bestehen.

Ich hatte eine Bekannte, die als Silberschmiedin zu DDR-Zeiten die Silberbüchse Winnetous reparieren durfte. Es ist ein simples Objekt, doch spiegelt sich der gesamte Karl May darin wieder. Überhaupt ist dieser May ein magisches Objekt, mit dem jede Epoche ihren Zauber treibt. Als er sich einst nämlich damit fotografieren

ließ, gab es eine Menge Leser, die das nicht verstanden. Die Silberbüchse, die nie ihr Ziel verfehlte, war doch zusammen mit Winnetou begraben worden, wie konnte es da sein, daß Old Shatterhand
sich in Dresden damit vor die Kamera stellte? Karl May, der den
Umgang mit Ungläubigen gewohnt war, veröffentlichte eine gedul-
dige Erklärung für all jene harmlosen und etwas naiven Besucher
und Leser. Er sei nämlich bei seinen Ritten durch die Prärie eines
Tages an dem Grab vorbeigekommen und habe gesehen, wie Sioux-
Indianer sich daran machten, das Grab auszuräubern. Die wurden
zwar verscheucht, aber die Büchse war nicht mehr sicher dort. Old
Shatterhand konnte aber das Grab nicht ständig bewachen. Also
nahm er die Büchse mit als ein wertvolles Erinnerungsstück an seinen Freund, vielleicht seinen einzigen wahren Freund. So erfindet
der Vater Geschichten, um den Kindern den Weihnachtsmann zu
retten. Für manche kommt ohnehin die Erklärung, daß es Winnetou gar nicht gegeben habe, einem ähnlichen weltanschaulichen
Bankrott gleich, den die Kleineren erleben, wenn ihnen Christkind
und Nikolaus abspenstig gemacht werden. Die Erwachsenen verstehen ihre eigene Welt nicht, deswegen müssen sie die der Kinder
zertrümmern.

Aus besonderem Schrot und Korn war dieser Karl May. An ihm
haben sich die Heuchler totgebissen. Man griff ihn an, weil er für
Betrügereien einsaß (Unterschriftenfälschung, falsche Titel, ein
kleiner Diebstahl), er war so etwas wie der Dr. Postel seiner Zeit,
ein Hochstapler. Aber eben nicht nur das. Er nutzte seine allen
Hochstaplern eigene Phantasie, um daran ein ganzes Volk teilhaben
zu lassen. Er erfand den deutschen Indianer und den sächsischen
Gentleman der Prärie. Die Nazis wollten ihn einerseits als pazifistischen Schundautor sehen, andererseits hatte Hitler eine Reihe von
Karl-May-Bänden auf seiner bayrischen Festung stehen, was die Re-
porter begeistert in die Welt funkten. Bis zum Schluß sollte Winnetou dem untergehenden deutschen Volk als Vorbild dienen. Und
Wunderwaffen glaubten beide zu haben. In der DDR war K.M. zunächst offiziell verpönt, auch wegen der Vereinnahmungen durch
die Nazis. Später, ab den 1980ern etwa, wurde er als eher harmlos

eingestuft. Honecker ließ das Museum renovieren. Aus dem tschechoslowakischen Bruderland kamen die Touristen, das konnte so schlimm nicht sein.

Das Blockhaus Villa Bärenfett trägt bis heute die Spuren der Wahlverwandtschaft mit dem Nachbarland. Unter deutschen Inschriften findet sich immer wieder eine tschechische. Im Gegensatz zum Namen der Villa, mit dem man sich etwas lächerlich macht (»Ich bin heute mal nach Radebeul zur Villa Bärenfett gefahren«), sind die ausgestellten Gegenstände seriös. Die Indianervölker von New Mexico und Arizona bis Kanada sind vertreten durch Federschmuck, Kleidungsstücke, Musikinstrumente oder Nahrungsmittel. Lebensgroße Figuren – Häuptlinge, Squaws, Schamanen und Kinder – und Zelte geben einen Eindruck der Lebensweise jener, die durch Karl Mays Phantasie Millionen Leser miterlebten. Ich notiere mir aus dem Reichtum der Traditionen nur die Geschichte über den buckligen Flötenspieler, einem Mythos der Hopi in Arizona. Der Kokopelli ist ein Heuschreckenwesen. Zwei solcher Wesen begleiteten in den frühen Zeiten die Indianer auf der Suche nach Land. Der Adler, der über das Land wachte, wollte sie testen. Er durchschoß die Kokopelli. Unverzüglich zogen sie ihre Flöten heraus und begannen zu spielen. Dadurch heilten sie wieder. Den Adler überzeugte das. Die Hopi ließen sich nun hier nieder und verehrten den Adler als einen Mittler zwischen der Sonne und den Menschen. Den Kokopelli aber verehren sie als Heiler und Bringer von Fruchtbarkeit. Inzwischen ist das Bild des Flötenspielers zu einer Art Logo des amerikanischen Südwestens geworden.

Das ist der merkwürdige Sog von Museen. Man tritt aus dem Alltag durch eine Tür in der Wand und befindet sich in anderen Welten, die doch auf unheimliche Weise mit der unseren verbunden sind – historisch, psychologisch, biologisch und neurologisch. Wir haben Gehirne, mit denen wir solche Mythen verstehen.

Karl May hatte mehrere Häuser in Radebeul und Umgebung, so die Villa Idylle in Kötzschenbroda. Wenn man den Grabtempel auf dem Ostfriedhof hinzunimmt, kommt eine erkleckliche May-Geographie zusammen, die ihn als unterschwelligen Herrscher der

Gegend zeigt. Die der Bärenfett vorgelagerte Villa Shatterhand war sein Wohnhaus ab 1895. Als er sich dort einlebte, schrieb er gerade an seinen Büchern über den Mahdi – den ersten Aufstand fundamentalistischer Islamisten im Sudan, eine Wasserscheide in den Beziehungen zwischen Europa und dem Orient. In Radebeul war er geachtet. Er schenkte Schulen und Erziehungsanstalten Gesamtausgaben seiner Werke und spendete für den entstehenden Bismarckturm auf der Höhe. Er saß gern in *Lechla's Weinstube*, in der *Goldenen Weintraube*, in den *Vier Jahreszeiten* oder im *Weißen Roß*. Mitten durch Radebeul geht doch die Weintraubenstraße.

Die Museumsfrau in der Villa Shatterhand hat früher viel Karl May gelesen. Ihr gefällt zwar noch seine blumige Sprache, doch die Abenteuer lassen sie heute kalt. Zu DDR-Zeiten hat sie ihn viel gelesen, weil er so einen schlechten Ruf hatte. Warum eigentlich? Unter anderem, meint sie, weil die Witwe von May mit Hitlers Halbschwester befreundet war. Die wohnte nun mal zufällig nebenan, wie soll man sich da nicht anfreunden als Nachbarin eben? Was konnte die Schwester für ihren Bruder? Die Nazis, wenn sie nicht Karl-May-Fans waren, haben ihn verunglimpft, weil er die Rassenmischung propagiert habe: Winnetous Schwester!

Es kommen Menschen aus allen Ländern, sagt die Museumsfrau, Karl May muß wohl in der ganzen Welt bekannt sein. Amerikaner, Franzosen, Tschechen schauen vorbei. (Vor einigen Wochen traf ich auf der Wolga eine tschechische Juristin, die mir von Karl May vorschwärmte.) Die Museumsfrau beobachtet auch immer gerne, wenn ein Großvater seinem Enkel die Indianer erklärt, den Winnetou und den Bärentöter und vieles andere. Der Enkel versteht meist gar nicht, warum der Großvater so aufgeregt ist.

Aus dem Tipi tritt ein echter sächsischer Indianer mit Perücke und anderen Abzeichen hervor, darunter ein Kreuz. Er bringt Pfeil und Bogen vor das Zelt, denn dort stehen zwei Jungen, die schießen wollen. Der Sachsenindianer legt fachkundig den Pfeil auf und schießt mit den beiden auf eine Holzplatte, auf der ein papierner Büffel springt. Auf die indianischen Sachsen ist Verlaß.

Eine Wanderung von Radebeul Ost nach Kötzschenbroda. Der

Weg dorthin durch Villenstraßen, und man hat das glitzernde Gefühl, als könne dahinter der Gardasee liegen. Nur der Name zog mich zu diesem Ort, er wird schon slawischen Ursprungs sein, doch klingt er auf deutsch so unsäglich. Irgendjemand hat sich über dieses »Kotzbrot« lustig gemacht, andere fanden ihn einfach komisch, zum Beispiel Fontane in *Irrungen, Wirrungen*, als er dort einen Zug halten ließ. Ein Durchfahrtsort war es immer gewesen, darauf deutet schon das »broda«, was soviel wie Furt heißt. Es hätte Frankfurt, Schweinfurt oder Oxford werden können, aber es entschied sich, Kötzschenbroda zu sein, und zu Recht. Seine Schätze verbirgt es klug, doch manchmal überrascht es die Welt damit. Wer kennt nicht Bully Buhlan, den großen Sänger der 50er Jahre? Leider niemand, außer in Kötzschenbroda. Denn er hat den Ort unsterblich gemacht durch seinen Schlager »Verzeihn Sie, mein Herr, fährt dieser Zug nach Kötzschenbroda?« In den Läden wird die CD angeboten und man muß sich erst einmal wieder wie ein Wurm in die Geschichte hineinbohren. Am Anfang stand Glenn Millers »Chattanooga Choo Choo« und der begann so: »Pardon me, boy, is that the Chattanooga Choo Choo?« Es geht um die Fahrt von der Großstadt in die Südstaatenprovinz, vom Großen ins Kleine, vom Fernen ins Nahe. 1941 war das der Nummer-Eins-Hit der USA. Bul-

ly Buhlan lebte kurz in Kötzschenbroda nach dem Ende des Krieges und reiste öfter nach Berlin und zurück. Ein Mythos dürfte sein, daß damals im Raum Dresden nur noch der Bahnhof Kötzschenbroda, der heute Radebeul-West heißt, funktionsfähig war. Aber der Name taugt eben auf besondere Weise für die kleine Welt, da steckt das Brot drin und die etwas schwierige Aussprache – so wie Würstchenbrote, vielleicht auch der Klang eines Namens, der durch den Bahnhofslautsprecher wie eine Fahne gedehnt und dann zerrissen wird und untergeht im Pfeifen und Zischen der Bahn. Überhaupt der Zischlaut! Aus dem Chattanooga Choo Choo wurde so der Zug nach Kötzschenbroda, der ein Ausdruck der chaotischen Nachkriegszeiten war. Man wußte nicht, ob und wo man ankam und ob man auf dem Trittbrett oder dem Dach mitfahren konnte. Doch auch dieser Zug unterlief eine weitere Verwandlung, als nämlich Udo Lindenberg beschloß, ihn zum Sonderzug nach Pankow zu machen. Die Kötzschenbrodaer aber halten fest an ihrem Zug. Im September wird seit einiger Zeit in jedem Jahr das Radebeuler Weinfest mit der Hymne von Bully Buhlan eröffnet.

Die Fanseite ist auch recht aktiv im Internet. Da ist zum Beispiel ein Ernst auf der Suche nach einem Titel »von dem ich glaube er ist von Bully Buhlan. Folgend einige textfragmente die irgendwie hängen geblieben sind: Ich will zurück zu dem winzigen Haus in Kila Kakula Hawai wo der Hula Hula Hula Hula wawa schwimmt vorbei. Wenn leise die Gitarren klingen an dem Strand von Onana

Hoffe das kann jemand zuordnen und mir den Songtitel nennen und ob der irgendwo noch käuflich zu erwerben ist.«

Nein, kann ich nicht zuordnen. Als Antwort aber ein Gedicht, das zeigt, dass Kötzschenbroda schon immer berühmt war, weil man es unterschätzte.

> Überall, auf allen Stationen
> ruft der Mensch den Namen der Station,
> überall, wo Bahnbeamte wohnen,
> schallt es Köpnick oder Iserlohn.

Wohl der Stadt, die Gott tut so belohnen:
Nicht im Stein nur lebt sie, auch im Ton!
Täglich vielmals wird sie laut verkündet
und dem Hirn des Passagiers verbündet.

Selbst des Nachts, wo sonst nur Diebe munkeln,
hört man: Kötzschenbroda, Schrimm, Kamenz,
sieht man Augen, Knöpfe, Fenster funkeln;
kein Statiönchen ist so klein – man nennt's!
Prenzlau, Bunzlau kennt man selbst im Dunkeln
dank des Dampfs verbindender Tendenz.
Nur die Dörfer seitwärts liegen stille ...
Doch getrost, auch dies ist Gottes Wille.

Auch Morgenstern also. Und immer Kötzschenbroda, wenn es um
die höchste Eisenbahn geht.

Nach einem Fisch im morgensternigen Gasthaus »Zur Unke«,
wo man auf freundliche Weise nicht wußte, wann die Dampfschiffe
nach Dresden fahren, fuhr ich mit der S-Bahn Richtung Dresden
Neustadt, durchquerte die Graffiti-Zonen und sah die Yenidze-
Moschee funkeln. 1908–1909 ließ sich ein Zigarettenfabrikant
diesen orientalisierenden Bau hinsetzen, der dann vom Volksmund
»Tabakmoschee« genannt wurde. Ich würde ihn mir gerne näher
anschauen, weiß aber auf dieser Fahrt nur soviel: Hitlers Halbschwester Angela, verw. Rabaul, regelte bis ca. 1935 den Hitlerschen
Haushalt auf dem Obersalzberg, verzog sich im Streit nach Radebeul und heiratete dort den Architekten der Yenidze-Moschee,
Martin Hammitzsch. Der wiederum war seinerzeit aus einem Be-
rufsverband ausgeschlossen worden, weil der Bau dieser sächsischen
Zigarettenfabrik zu sehr einer Moschee glich. Angela Rabaul war in
jungen Jahren Vorsteherin eines jüdischen Männerheimes gewesen,
das sie vor antisemitischen Attacken beschützt haben soll. In den
1930ern aber sieht alles anders aus. Beide sind tief verstrickt ins Na-
zitum. Hammitzsch begeht am Kriegsende Selbstmord.

Das schöne Erich-Kästner-Museum ist heute leider geschlossen,
ich verkrieche mich in einen Buchladen und warte das Unwetter ab.

Leipziger Lerchen und Schleifen (April 2009)

DIE BILDENDEN KÜNSTLER UND ARCHITEKTEN SIND BE-
wußte Erzeuger von Fossilien, ein respektloser Mensch würde sagen, sie fälschen die Fossilien der Zukunft, indem sie ein verzerrtes
Bild der Gegenwart produzieren. Ich glaube nicht, daß sie das tun,
meistens jedenfalls nicht. Wie der Körper, so läßt auch der Geist Ab-
drücke in der Materie zurück und
die Künstler wollen dem Tod vor-
auseilen. Sie beginnen schon jetzt
mit der Arbeit, die sonst mühsam
von den Gesetzen der Schwerkraft, der Trägheit, des Zerfalls
und der Zersetzung übernommen
werden muß. Warum erst auf ein
Erdbeben oder eine Flut warten,
damit ein Fossil entsteht? Auch
die Alchimisten wollten nicht
darauf warten, daß die Erde sich
langsam in Gold verwandelte.
Diesmal mache ich mich auf die
Spur der Denkmäler in und um
Leipzig.

Nietzsche hat in Leipzig kein
Denkmal, aber keine dreißig Kilometer westlich steht das Dorf
Röcken, unweit von Lützen, wo
im Dreißigjährigen Krieg der
schwedische König Gustav Adolf
fiel. In Röcken wurde Nietzsche
geboren, dort liegt er begraben.
Eine begehbare Skulptur ist die
romanische Dorfkirche aus dem

12. Jahrhundert, in der sein Vater predigte. Eine Ritterfigur ließ den jungen Nietzsche, der hier dem Gottesdienst des Vaters beiwohnte, an den Heiligen Georg denken. Nebenan befindet sich ein Museum, das Pfarrhaus ist weiterhin bewohnt. Als ich es vor zwölf Jahren zum ersten Mal besuchte, hieß der Pfarrer mit dem Schlüssel zum Nietzschehaus noch Kant. Gleich neben der Kirche sind die Gräber von Nietzsche und seiner Schwester Elisabeth, das hat sie so gewollt. Auf der anderen Seite steht eine Skulpturengruppe von

Klaus Friedrich Messerschmidt, das »Röckener Bacchanal«, angefertigt zum 100. Todestag Nietzsches im Jahre 2000. Es zeigt vier
mit Autolack weiß gestrichene Bronzefiguren: Nietzsches Mutter
und dreimal Nietzsche selbst. Messerschmidt bezieht sich auf einen
Traum, den Nietzsche Carl Jacob Burckhardt einst mitteilte, wie
er nämlich mit seiner Mutter am eigenen Grab stand, kaum bekleidet. Messerschmidt lässt ihn zweimal nackt am Grab stehen, die
Geschlechtsteile mit einem Hut bedeckend, und einmal bekleidet
am Arm seiner Mutter.

Große räumliche Bewegungen charakterisieren die Landschaft
um Röcken und überhaupt den Süden und Westen Leipzigs. Es ist
Braunkohlegebiet und der Energiehunger frißt sich in die Landschaft, bis in die Ausläufer der Stadt hinein. Viele Dörfer sind schon
verschwunden. Auch Röcken war vor einiger Zeit im Gespräch, es
sollte weggebaggert werden, doch ein Sturm der Entrüstung erhob
sich und nun scheint es, als wolle der Energiedrachen an Röcken
vorbeiziehen. Nietzsches Präsenz spielte dabei eine große Rolle in
der überregionalen Presse. Man fürchtete, mit dem Dorf werde
auch irgendwie Nietzsches Philosophie verschwinden, so räumlich
ist unser Denken ausgerichtet. Nietzsches Gedicht »Vereinsamt«
erhielt plötzlich eine neue Bedeutung:

> Die Krähen schrein
> Und ziehen schwirren Flugs zur Stadt:
> Bald wird es schnein, –
> Wohl dem, der jetzt noch – Heimat hat!
>
> Nun stehst du starr,
> Schaust rückwärts, ach! wie lange schon!
> Was bist du Narr
> Vor Winters in die Welt entflohn?
>
> Die Welt – ein Tor
> Zu tausend Wüsten stumm und kalt!
> Wer das verlor,
> Was du verlorst, macht nirgends Halt.

Nun stehst du bleich,
Zur Winter-Wanderschaft verflucht,
Dem Rauche gleich,
Der stets nach kältern Himmeln sucht.

Flieg, Vogel, schnarr
Dein Lied im Wüstenvogel-Ton! –
Versteck, du Narr,
Dein blutend Herz in Eis und Hohn!

Die Krähen schrein
Und ziehen schwirren Flugs zur Stadt:
Bald wird es schnein, –
Weh dem, der keine Heimat hat!

Begehbare Skulpturen, vom Geist, von Trost und Hoffnung bewohnte Raumgebilde weichen dem Energiehunger, der Kavernen und Wüsten schafft. Für die Energiefirma ist die Wüste allerdings nur ein kurzer Alptraum, den sie der Bevölkerung bereiten muß. In einer Werbekampagne verweist man auf die Umwandlung des einstigen Tagebaus bei Leipzig in große Seenlandschaften. Eines Tages werden die Heuersdorfer Glocken aus dem See läuten und keiner wird es hören.

*

Es war kein Energiehunger, der Ulbricht dazu veranlasste, die alte Universitätskirche, einen Bau aus dem 13. Jahrhundert, in die Luft zu sprengen. Der Staatsratsvorsitzende war auf seine Weise ein Alt-68er, der mit Traditionen Schluß machen wollte: unter den Altaren, Muff von tausend Jahren. Statt Wüste ließ er ein Hochhaus bauen, das wie ein geöffnetes Buch aussehen sollte, aber als Professorenrampe oder Weisheitszahn interpretiert wurde. Hier hauste nun die Universität bis Mitte der 90er Jahre; da war alles heruntergewirtschaftet, aus den Wandpolstern roch man den Muff von vierzig Jahren. Hinter dem Hochhaus stand eine Statue des Philosophen Leibniz. Lange wusste man nicht, wohin damit, doch jetzt kommt er zurück in den Neubau der Universität, der wahrscheinlich drei

Jahre nach dem 600. Jubiläum der Universität fertig sein wird, also 2012. Leibniz verließ bekanntlich die Stadt, da die Universität ihn nicht promovieren wollte – er war ihr zu jung; so ging er nach Nürnberg und später nach Hannover.

Der Campus am zentralen Augustusplatz war immer ein Brennpunkt von Problemen. Hier kreuzen sich nicht nur die Verkehrsströme, sondern auch die Ideologien, hier wollen die Systeme sich repräsentieren. Der neue Universitätsbau enthält Anlehnungen an die alte Pauliner-Kirche und wird von dem niederländischen Architekten Erick van Egeraat gebaut, der weltweit mit prestigeträchtigen Projekten beschäftigt ist, inzwischen aber insolvent wurde. Es gab im Vorfeld heftige Kämpfe zwischen den verschiedenen Gruppierungen. Die einen wollten nach dem Vorbild der Dresdner Frauenkirche eine komplett wiederhergestellte Kirche haben, ein Simulacrum aus dem Mittelalter. Die anderen wollten an dieser Stelle nichts Sakrales mehr sehen, weil sie die Universität von jeder kirchlichen Verbindung trennen wollten. Nun bekommen wir einen Kompromiß, eine postmoderne Gotik.

Als im 19. Jahrhundert das Hauptgebäude der Universität, das Augusteum, neben der Paulinerkirche eingeweiht wurde, trug es eine Fassade nach Entwürfen von Karl Friedrich Schinkel. Das einzige, was heute vom Augusteum, das 1968 gleich mit gesprengt wurde, übrig bleibt, ist das sogenannte Schinkel-Tor. Ausgeführt wurde diese Idee Schinkels durch den damals berühmtesten Denkmalkünstler, Ernst Rietschel, dem Weimar sein Goethe-Schiller-Standbild verdankt. Das klassizistische Tor wanderte nach der Zerstörung wie eine verlorene Seele in der Universität herum, niemand wollte sie immatrikulieren. Sie schaute leer auf eine unattraktive Straße, schräg gegenüber von einem Sex-Shop. Nun wird sie in den neuen Innenhof wandern und Leibniz Gesellschaft leisten. Das Tor hat jedoch keinen Tor-Charakter mehr. Man schaut es an, doch muß man nicht hindurch gehen. Mit den alten Epitaphien der Paulinerkirche, die einst von Luther selbst als Universitätskirche eingeweiht wurde, ist sie ein Fragment der Erinnerung.

Vor dem Verwaltungsgebäude der Universität, das an der Stelle der Kirche gebaut wurde, installierte man 1974 ein riesiges Bronzerelief mit dem Titel »Aufbruch« (Rolf Kuhrt, Frank Ruddigkeit, Klaus Schwabe). Es ist 14 Meter lang und 7 Meter hoch, bei einem Gewicht von 33 Tonnen. Schwarz ist der Anblick. Ein riesiger Marxkopf versetzt mit der Stirn Lenins verkörpert die Mutation der Theorie im 20. Jahrhundert. Darunter scharen sich Proletarierer aller Länder im Aufbruch. Wer zur Verwaltung ging, mußte unter diesem schweren Gegenstand hindurch und man fühlte förmlich die Veränderung der Gedanken. Lange Zeit hieß es, die Skulptur könne nicht abgerissen werden, weil sonst das ganze Gebäude zusammenbrechen würde. Das war eine Legende, wie sich später herausstellte, aber sie hatte einen symbolischen Wert. Im Hauptgebäude fuhr ein Paternoster auf und ab, es gab dort einen fensterlosen Raum namens »Ziegenledersaal«, wobei ich nicht sicher bin, ob die Polsterung der Wände wirklich aus Ziegenleder war. Im ersten Stock hing ein berühmtes Gemälde des Leipziger Malers Werner Tübke: »Arbeiterklasse und Intelligenz«. Gegen den Widerstand von Opfern des DDR-Regimes soll dieses Gemälde wieder Platz in der neuen Universität finden, es ist noch unklar, wo. Das Relief »Aufbruch« wurde 2006 demontiert, ohne daß der Bau kollabiert wäre. Aber das Gebäude steht nun tatsächlich nicht mehr. Man zersägte das Relief in drei Teile und baute es 2008 wieder auf, etwas außerhalb des Zentrums, vor der Deutschen Hochschule für Körperkultur (DHfK), einst Schmiede der DDR-Goldmedaillen. Vor dieser Schmiede steht es nun wieder, allerdings nicht ohne Informations- und Bildtafel, mit der man an die unfreie Universität erinnert. Einer der Verantwortlichen, ein ehemaliger Bürgerrechtler, wehrte sich gegen die Tafel: Sie könne entwendet werden und was wäre dann? Der Schriftzug müsse also unbedingt auf der Skulptur selbst angebracht werden. Man konnte ihn davon abbringen, mit Mühe und Not.

Zwischen 1953 und 1990 hieß die Universität »Karl Marx Universität«, heute ist sie wieder einfach »Universität Leipzig«, wie seit ihrer Gründung 1409, als man sie Alma mater lipsiensis taufte. In den 1990ern erhielt ich manchmal Post mit der Aufschrift: »Karl-März-Universität«. Vermutlich konnten sich die Schreiber noch nicht ganz von dem Namensgeber verabschieden, aber statt März hätten sie ruhig den Monat Mai wählen können.

Heraklit sagt, der Streit ist der Vater aller Dinge. Die Universität Leipzig ist ein Kind dieses Vaters. 1409 fühlten sich die nichtböhmischen Gelehrten an der Prager Karls-Universität politisch benachteiligt. Unter Protest zogen etwa 1000 deutsche Gelehrte aus und gingen nach Leipzig, wo man ihnen gerne eine bleibende Stätte bereitete.

Die Stadt Chemnitz, südlich von Leipzig, die zu DDR-Zeiten Karl-Marx-Stadt hieß, ließ sich noch einen viel größeren Kopf seines Patrons bauen, das Karl-Marx-Monument des russischen Bildhauers Lew Kerbel, dem die Sowjetunion eine Reihe heroischer Denkmäler verdankt. Im Volksmund heißt es Nischel, sächsisch für »Kopf«, und ist die größte Porträtbüste der Welt. Auch nach der Wende wollte man den Nischel nicht loswerden, dafür war er zu besonders. Kerbel hatte ihn in Leningrad gießen lassen, dann wurde er in 95 Teile zerlegt nach Deutschland geschickt. Hier schmolz die VEB Germania ihn wieder zusammen. Als Sockel diente ein Granit aus der Ukraine. Die Chemnitzer machten nach der Wende Werbung mit der Büste und nannten sich »Stadt mit Köpfchen«. Das sind sie auch, denn inzwischen hat Chemnitz eine Menge Kunst anzubieten, so die Gunzenhauser Sammlung mit ihrem Museum für moderne Kunst. 2008 veranstalteten Kunststudenten eine temporäre Einhausung des Kopfes, indem sie ihn zwischen dem 17. Juni (Tag des Aufstandes 1953) und dem 13. August (Tag des Mauerbaus 1961) von innen begehbar machten. Die Beispiele aus Chemnitz und Leipzig zeigen, daß es nicht damit getan ist, geschichtliche Spuren verschwinden zu lassen. Man sucht vielmehr nach Formen des kreativen Umgangs mit Denkmälern, Ikonen und Statuen, die von der letzten Diktatur hinterlassen wurden. Diese Suche geht nicht ohne Konflikte ab, aber das ist Teil der nun zwanzigjährigen Demokratie auf ostdeutschem Boden.

*

Auch Nietzsche hatte (wie Leibniz, Lessing oder Goethe) in Leipzig studiert, verließ die Stadt jedoch bald, um in Basel seine Professur aufzunehmen. Die Blütezeit Leipzigs hat er daher nicht erleben können, sie ist mit den sogenannten Gründerjahren verbunden und mit dem vielen Geld, das durch französische Reparationsleistungen infolge des Deutsch-Französischen Krieges 1870/71 nach Deutschland floß. Leipzig gehörte damals zu den reichsten Städten des Landes und ließ es sich anmerken. Art nouveau, Werkkunst und Jugendstil profitierten vom neuen Geld, die Bauherren und Architekten konnten Phantasien ausleben.

Vor einigen Tagen nahm ich an einer Führung durch den Stadtteil Gohlis teil, in dem es von Villen nur so wimmelt: die Welt als Villa und Vorstellung. Denn die Einbildungskraft hat sich hier der Architektur bemächtigt wie sonst nur das Mittelalter. Wir gingen auf den Spuren des Leipziger Architekten Paul Möbius, der nicht zu verwechseln ist mit dem berüchtigten Psychiater Paul Möbius, der sich über den »physiologischen Schwachsinn des Weibes« verbreitete. Unser Führer hatte eine große Schleife umgebunden, er sah aus wie ein echter Künstler! Ich fragte ihn, ob denn dieser Paul Möbius etwas mit den anderen Leipziger Möbiussen zu tun habe, dem Psychiater oder dem Mathematiker August Ferdinand (der mit dem Möbiusband). Nein, absolut gar nicht, da war also nichts mit der Möbius-Schleife. Der Mathematiker, der Sohn eines Tanzlehrers und einer Nachfahrin von Martin Luther, wollte zeigen, daß es Flächen gab, die nicht aus Vorder- und Rückseite bestehen, sondern aus einer einzigen Seite. Wer auf dem Möbiusband mit seinem Finger fährt, wird sowohl Vorder- wie Rückseite umwandern, ohne springen zu müssen. Die Mathematik spricht mit einem schönen Ausdruck von einer »nichtorientierbaren Mannigfaltigkeit«. Wenn man das Band backen und falten würde, so erhielte man fast eine Leipziger Spezialität, die »Leipziger Lerche«, ein süßes marzipanhaltiges Gebäck, das im Mund durch seine Geschmacksnote eine schöne Schleife zieht. Der Jugendstil von Möbius und anderen Architekten mochte die geschwungene Linie, die Schleife, das umgekehrte Blatt, die Muschel. Aber ähnlich wie die Gotik bringt der Jugendstil seine eigentümlichen Monster hervor: grinsende pausbäckige Silenen, Ziegengötter und furchterregende Bartträger, brüllende Löwen und traurige Karyatiden, die an die Gestalten in einem Fitnessstudio erinnern.

Durch diese Landschaften des Baus und der Imagination geht man am besten mit einem Exemplar von Alberto Savinios *Neuer Enzyklopädie* an der Hand, einem Traumkalender der europäischen Welt um 1900. Das Buch hat mich in den ersten Wochen in Leipzig, das war 1993, immer in der Straßenbahn begleitet. Eine Stadt, die sich wie diese seit 1990 fortwährend verändert, ist ein Traumgebilde, aber »um die Träume zu verstehen, muß man darauf verzichten, die Träume zu verstehen,« schreibt Savinio, der wie sein Bruder, der Surrealist de Chirico, auch Maler war.

Paul Möbius hat an verschiedenen Stellen in Leipzig seine Spuren hinterlassen. Seine Architektur ist immer auf das Gesamtkunstwerk ausgerichtet. Wir stehen vor der Eisenacher Straße 17–19, da beginnt die Führung. Das Haus ist zweigeteilt von innen. Nach der Wende entbrannte ein Kampf um die Fassade, die nun einheitlich werden sollte. Die Symbolik kann gar nicht übersehen werden. Dieses Haus ist Deutschland, zweifellos. Auf der linken Seite hat Bäcker Schlett sein Geschäft und grüßt die Kunden mit einer Aufschrift: »Mit Dank an die Natur«. Auf der Rechten sieht man ein Schild, das für Reinkarnations- und Atemtherapie wirbt, und da haben wir wieder die beiden Deutschlands. Die alte DDR dankt der Natur und Helmut Kohl, die BRD braucht Therapie und versucht sich neu zu inkarnieren. Nachdem unser Stadtführer so manches erklärt hat, meldet sich eine Zuhörerin: »Verzeihung, dürfte ich auch etwas sagen? Dies ist nämlich mein Geburtshaus.« Und sie erklärt uns, wie es drinnen wirklich aussah, wie es zuging, wie man das Leben in diesem Stadtteil erfuhr. Es gab eine tolle Treppe zum Runterrutschen! Außen, hier korrigiert sie den Stadtführer, war die Einheit der beiden Haushälften immer zu erkennen, nur drinnen, da ging es drunter und drüber, es war völlig heterogen. Soviel zur deutschen Einheit. Oder doch nicht ganz, denn der Stadtführer, der ein Buch über Möbius verfaßt hat, berichtet, daß ein paar Möbius-

Villen zu DDR-Zeiten Kindergärten wurden. Und das habe ihnen nicht geschadet, denn »Armut ist die beste Denkmalspflege«. Das sehen diejenigen, die die vielen Jugendstilhäuser nach der Wende aufwendig saniert haben, sicherlich anders. Der Nachteil ist, daß man heute in viele solche Häuser nicht mehr hineinkann, da sie Privatbesitz geworden sind, während man sich in den Kindergärten problemlos umschauen konnte.

Viele Architekten haben in Leipzig Gohlis ihre Spuren hinterlassen und so ein Fossil des Jugendstils produziert – ein Widerspruch in sich. Denn der Jugendstil wollte ja gerade das Fossilhafte der Gesellschaft und der Architektur aufbrechen, das Lebendige sollte einströmen wie die Vitalität in die Philosophie eines Nietzsche oder Bergson. Der Jugendstil war auch eine erfolgreiche Verbindung von Kapital mit Kunst. Große Villen in Leipzig verdanken sich dem unternehmerischen Erfolg, so die Villa Hupfeld in der Lumumbastraße, die sich Ludwig Hupfeld, ein Fabrikant von selbstspielenden Klavieren erbauen ließ. Was im Western-Saloon die Pianola war, sollte in Europa seine Phonola werden. Nach der Wende residierten hier der British Council und das Institut Français, inzwischen ist es wieder privat bezogen worden.

In Gohlis steht auch das Buddehaus. Meine erste Begegnung mit diesem Haus fand im Krankenhaus statt. Der Bettnachbar war der Chronist von Gohlis und erzählte mir über die Villen dort, insbesondere über die Villa Hilda des Industriellen Adolf Bleichert, das heutige Budde-Haus.

Nach einem ungeschriebenen Gesetz gilt, daß immer wenn drei Pfeile auf einen Gegenstand zeigen, es Zeit wird, sich diesen näher anzuschauen. Das ist mir mit dem Budde-Haus so gegangen, denn es liegt für mich am anderen Ende der Stadt und es gibt daher keinen Grund, daß ich mich mit ihm beschäftigen sollte. Es stellte sich bald heraus, daß eine Freundin in diesem Haus, ganz oben unter dem Dach, ihre Dunkelkammer hatte, und einmal durften wir sie auch besichtigen. Die Besichtigung einer Dunkelkammer! Es war, als würde hier fortwährend Gegenwart ausgesponnen, als ginge alles durch dieses Dunkel, um sichtbar zu werden. Was nicht verdunkelt wurde, würde nie wieder zu sehen sein. Der Villa fehlen seit dem letzten Krieg die Glaskuppel und der östliche Flügel. Vielleicht, sagte ich zu einem alten Bekannten, von dem ich zufällig erfuhr, daß er den Biergarten an der Villa leitet, vielleicht steht das Haus für Deutschland? Ostpreußen, sagte er, Ostpreußen!

Eine Dankestafel unter dem Portal verzeichnet die Namen derer, die dafür sorgten, daß die Villa, dieser Kunstfelsen, den sich 1890/91 ein Drahtseilfabrikant baute und nach seiner Tochter Hilda nannte, nicht verschwand. Nun nisten in dem wilhelminischen Bau die unterschiedlichsten Vogelverbände, Kunsttherapeuten, Tanzgruppen, Akkordeonspieler, Holzbildhauer, Kinder, Künstler, Alte und die Schrift Stellende. Dem Unternehmer Bleichert waren nur zehn Jahre in diesem Haus vergönnt, der Blick ging über die Straße in sein großes Werk, aus dem die Seilbahnen hervorfuhren, aus dem flachen Leipzig in die Gebirgswelten. Er war der Herrscher eines Imperiums zwischen Himmel und Erde und ich frage mich, wie es ihn zum Drahtseil gezogen haben mochte in seiner Jugend. Meine Schwester und ich jedenfalls, auch wir wohnten in einer flachen Ebene und hatten Neid auf Berge und Meere, spannten eine Schnur durch das Wohnzimmer und ließen gerne Zigarrenkisten als Schwebebahnen über Sessel und Teppiche ziehen. Unser Wohnzimmer wurde Wuppertal, doch wie ich heute erkenne, gehörte es schon damals dem viel größeren Reich des Leipziger Seilbahnfabrikanten an, der kurz nach der Jahrhundertwende verstarb. Ein Freund des Biergartenwirts sah neulich eine Seilbahn bei Barcelona, die seinen Namen noch trug. Die Enkelin des Seilbahnkönigs heiratete 1928 den König der Bergsteiger, Luis Trenker, und man ahnt warum.

Dann begann für das Haus der Zug durch die Dunkelkammern der Geschichte. Verkauf durch die Erben an einen Glashändler, der bald einen Trinkkeller einrichtete, später dann aus der DDR entfloh, Umwandlung in ein Klubhaus des VEB Verlade- und Transportanlagen (VTA) Leipzig (1956–1990). Das war der neue Name für die Drahtseilfabrik Bleichert und mir gefällt die Vorstellung von Arbeitern, die sich in der Villa ihres früheren Chefs entspannen. Die Villa, die nun nach dem Ingenieur Heinrich Budde, den die

Nazis umbrachten, benannt ist, ist ohne die Fabrik gar nicht zu verstehen. Man könnte 100-Meter-Läufe in dieser veranstalten, wären da nicht rostige Metallteile und Mauern im Weg. Ein kalter Wind bläst durch die zerschlagenen und zersprungenen Fenster. Wo sie nicht verklebt sind, ist der Tag kristallin geworden. Irgendwo muß das Loch sein, aus dem die Seilbahnen in die Welt fuhren, doch heute gibt es viele Löcher.

An der Villa fallen sechsstrahlige Sterne auf, ein Zierbrunnen mit speiendem Delphin, dekorative Elemente, aztekische Anmutungen, das blinde Fenster nach Osten, unter dem die schwere schmiedeeiserne Laterne schwingt, Klassizismus und Mexikanismus, die Zigarren als Balken, die Inschriften »Glück« und »Friede« nach Süden, ein Ruf zur Sonne, jeder Mensch trägt diese Inschrift, nur nicht so auffällig, und am Eingang die andere Inschrift: »Durst ist stärker als Heimweh«. Mit dieser Geste wischt der Arbeiter das Seufzen seines verblichenen Herrn weg und setzt sich in den Biergarten, während drinnen die Combo tobt.

Gohlis im Norden hat im Süden ein Gegenstück, sozusagen eine verkleinerte Form. Es ist der Südfriedhof. Auf ihm liegen die Großen und Reichen der Stadt begraben unter entsprechenden Monumenten. Jede Villa hat ihre Miniaturfassung im Grab, das Grab ist die Puppenstube des Todes. So finden wir in dieser Spiegelwelt Jugendstil und Klassizismus, Monumentales und Extravagantes nebeneinander und erinnern uns an die Zeiten, als die Begrabenen in ihren großen Villen wohnten. Auf dem Friedhof ist alles nur noch Kurzschrift.

*

Was geschieht, wenn das, was als Gesamtkunstwerk konzipiert war und der damaligen Zeit so erschien, überliefert wird in eine andere Zeit? Welche Abstriche finden statt, wo verliert das Kunstwerk an seiner Gesamtheit, wo erneuert es sich? Man könnte diese Frage einem anderen Vertreter von Gesamtkunst in Leipzig, nämlich Max Klinger, stellen. Er war Grafiker, Maler und Bildhauer; in seinen Werken bezieht er sich auf Literatur, Theater und Mythos, vor allem aber auf die Kunst aller Künste, die Musik. Er hat Brahmsphantasien illustriert und antike Mythen belebt oder sie mit dem Christentum kollidieren lassen. Seine Spannweite geht von der Sozialkritik bis zu Surrealismus und Psychoanalyse (»Ein Handschuh«). Nietzsche und Wagner, Darwin und Haeckel waren seine geistigen Paten, er war der Zola der Malerei ebenso wie ihr Prophet und Phantast. Gipfel seiner Kunst sollte die Skulptur »Beethoven« werden, die einen Höhepunkt polychromer Plastik um 1900 darstellte. Klingers Hauptwerk steht heute in einem eigenen Saal des neu erbauten Bildermuseums in Leipzig.

Die Idee zu diesem Raumkunstwerk, das Musik, Religion und Mythos umspann, kam ihm in seinen Pariser Jahren, nämlich 1885, als er eines Abends am Klavier saß. Damals, so sagte er, sah er schon alles im Detail, die Haltung, die Faust, das rote Gewand, den Sessel, den Adler, die Falten und die goldenen Lehnen. Richard Wagner beeinflußte ihn damals besonders. Der sah die Kunst der Zukunft im Gesamtkunstwerk, das Raum- und Zeitkünste umfaßt. Eine erste Studie in Gips wurde auf der Berliner Ausstellung von 1887/88 abgelehnt, doch Klinger blieb hartnäckig. Die Vision des auf einem Sessel sitzenden Genies mit all seinen dämonisch-mythischen Begleiterscheinungen wie Engel, Adler, biblischen und anderen Figuren, trieb ihn auf Reisen durch halb Europa. Er war auf der Suche nach dem richtigen Gestein und durchforstete Griechenland und die Pyrenäen wie auch Tirol und Italien nach geeigneten Materialien. Eine berühmte Pariser Gießerei konnte für den Guß des Bronzethrons in verlorener Form (cire perdue) gewonnen werden. Beethovens nackten Oberkörper stellte Klinger aus griechischem Inselmarmor her, das Gewand aus Südtiroler Onyx. Der Fries besteht aus farbigen Schmucksteinen und auf der Innenseite finden sich Elfenbeinköpfchen. Reliefs zu den Themen Tantalus und Gefährtin, zu Adam und Eva und zur Kreuzigung schmücken die Unterseite des Throns. Der Evangelist Johannes wird hervorgehoben; er stellt eine Verbindung zum antiken Mythos dar und trägt Beethovens Gesichtszüge. Der Komponist ist metaphysisch gestimmt, der Apokalyptiker musikalisch, eine wahre Möbiusschleife.

1902 wurde »Beethoven« in Wien unter großem Beifall ausgestellt. Man feierte dieses Zusammenwirken von Architektur, Malerei und Plastik mit Beethovens »Eroica«. Im selben Jahr fuhr der Schriftsteller Otto Julius Bierbaum, der in Leipzig aufwuchs und auch unter dem Pseudonym »Martin Möbius« schrieb, mit einem Cabrio Richtung Italien und schrieb darüber das erste Autoreisebuch der deutschen Literatur. Hier ist festzuhalten, daß Bierbaum, der Begründer der legendären Zeitschrift »Insel« im Insel-Verlag, eine Zeitlang sehr populär war mit seinen Satiren und Gedichten, Dramoletten und Romanen. In letzteren, wie *Stilpe* oder *Prinz Kuckuck* nahm er Lebensstile der Kaiserzeit ins Visier, sie sind auch eine Art Abgesang auf das Wilhelminentum. Aber wichtiger noch: Er starb in Kötzschenbroda. Wie er dahin kam, weiß ich derzeit nicht. Ich habe zwei Dichter gefragt, denen die Erde von Meißen und Radebeul teuer ist, Wulf Kirsten und Jürg Bernig, doch auch sie konnten hier nicht weiterhelfen.

Sein Autobuch ist in Form von Briefen verfaßt, darunter sind Empfänger wie der bekannte Satiriker Franz Blei, der Lyriker Detlev von Liliencron und die Maler Franz Stuck, Hans Thoma und Fritz von Uhde. Im April 1902 also kommt Bierbaum mit seiner italienischen Frau und dem Chauffeur nach Wien und schaut sich Klingers »Beethoven« in der Secession an. Er lobt zwar die Anstrengung und den Ehrgeiz des Künstlers, aber als »Leistung ist er höchst unerfreulich«. Der »grübelnde Donnergott« wirkt auf ihn wie eine Nippesfigur und »wirklich gut ist nur der Adler«. »Adler« heißt nun auch sein Auto, das er »Laufwagen« nennt, und damit überquert er die Alpen und erreicht am 11. Mai 1902 Bassano an der Brenta.

•|•

Reise um den Bahnhof
in zweimal achtzig Minuten (September 2009)

FÜR DEN PASSAGIER BESTEHT DER BAHNHOF AUS DEN GLEISEN im Einfahrtsbereich sowie aus Geschäften und Schaltern, alles zusammen so groß wie ein kleiner Rummelplatz. Und das ist die erste Wahrheit, die ich heute, an diesem herrlich warmen Septembersonntag erkennen durfte: der Bahnhof ist ein kleines Reich, mitten in der Stadt. Dieses Reich hat einen König und der ließ sich heute dazu überreden, uns, den Mitgliedern eines obskuren Heimatvereins, dieses Reich zu zeigen. Wir wollten heute einmal nicht die Totems und Trachten des Dorfes beachten, sondern uns in ein Land begeben, das so unbekannt, ja verloren ist wie die menschliche Seele selbst. Es ist eine unterirdische Hand, die sich bis in die Stadt hinein streckt und unter der Erde in Brücken und Kanäle greift, eine andere Hand, die des sich anbahnenden Citytunnels, schüttelt, wenn auch mit kritischem Blick, sich in den verschiedensten Bauwerken rund um den Bahnhof zur Faust zusammenballt und zur Verwirrung und Belustigung ihre Schattenspiele mit Phantomunterführungen und Phantomtunneln treibt. Da gibt es etwa Post- und Bahntunnel, in denen, verborgen vor den Augen der Passagiere, Frachten hin- und hergeschoben werden. Dort liegen stapelweise »Zugbegleiter«, diese Faltblätter, die den Fahrgästen zur künstlerischen Untermalung ihrer Reise verabreicht werden: metrisch geordnet und in übersichtlichen Metaphern die Welt und ihre Zeitform zusammengefasst, poetisch vollkommen zufriedenstellend. Diese Gedichte schlummern in großen Pappkartons und warten auf ihre aufmerksamen Leser. Unterirdische Arbeiter und Putzkräfte haben hier ihre Botschaften hinterlassen, vielleicht waren es erste, dann aber verworfene Versuche, die Faltblätter anzureichern mit poetischen und lebenshaltigeren Bildern.

Rattenfalle
Jungs noch 38 Tage, 37,36,35

Nicht Raucher Zonne Danke
Keine Müllsäcke Abfall auf den Bahnsteig

Es gibt auch jenen Schacht einer U-Bahn, die schon 1915, gleich zu Beginn, mitgebaut werden sollte, doch der Krieg machte einen Strich durch die Rechnung. So bleibt der Schacht und erst jetzt weiß ich, wie man ihn erkennt, obwohl ich doch hundert Mal an ihm vorbeigefahren bin. Der Eingang, überwuchert, aber begehbar liegt gut außerhalb der Halle, draußen, und ist erkennbar an dem gelb-schwarzen Metallgeländer. Wir dürfen überall fotografieren, hat der König beschlossen, und so schauen die Kameras aus dem Jahre 2009 in den dunklen Schacht des Jahres 1915 und kein Jahr versteht das andere mehr. Auch wo er unterirdisch in den Bahnhof einläuft, ist zu erkennen. Man sieht es an einer ewigen Pfütze, die sich auf einem Gleis bildet, weil die Erde immer wieder absackt. Die Pfütze ist der bescheidene Hinweis des Universums, daß die menschlichen Baukräfte begrenzt sind und sich eines Tages dieses gesamte Bauwerk, ja die Stadt selbst, das Land und noch die ganze Erde unter den erodierenden Kräften des Weltalls senken werden. Das tut diese kleine Pfütze mit einem Lächeln. Der eine mag es Ironie nennen, der andere an eine Warnung denken, aber das Lächeln reicht mir.

Der König weiß dies alles und lächelt selbst immer wieder: »Na, das ist doch mal was anderes,« ruft er zwischendurch aus und alle nicken zufrieden. Der König geht zwar inkognito durch sein Reich, doch alle kennen ihn. Anstandslos bekommt er jeden gewünschten Schlüssel, es öffnen sich ihm alle Türen, und wenn es tausendmal Sonntag wäre, und es ist klar, daß er uns diese Begeisterung mitteilt, diesen Stolz auf ein Reich, das reibungslos funktioniert, eine gut geölte Maschine. Nicht nur die Pfütze zeigt er uns mit einem gewissen Stolz, aber warum sollte er stolz auf die Pfütze sein? »Ist das nicht mal was anderes?« fragt er. »Ja,« sagen wir, denn wir wissen, die Pfütze ist das Eigentliche, der Kern der Dinge, der immer was anderes ist. Um diese Pfütze herum wirbelt und dreht sich ein kompliziertes Karussell mit vielen Reitern, Wagen und Pferdchen, mit klimpernder Musik und Kasse, mit fröhlicher Reklame und geschäftigen Passanten. Das mag alles sein, doch die Pfütze ist das Andere. So kann er auch auf die Pfütze stolz sein. Nicht weniger stolz ist er auf die Reklame im Bahnhof. Er zeigt auf eine große Fahne an einer Wand, die für den Bahnhof und seine Geschäfte wirbt, warum auch nicht? »Schauen Sie mal hinter die Fahne, stellen sie sich mal an die Wand und schauen hinauf! Was sehen Sie hinter der Fahne?« Ein Aufstöhnen geht durch die Menge. »Nun, was sehen Sie?« Einen Riß sehen wir, einen langen Mauerriß. Hinter der Fahne verbirgt sich ein Lasermeßgerät, das die Verschiebungen des Gemäuers ständig misst. Das ist tatsächlich etwas anderes: seither sehe ich Reklame immer mit dem Gefühl, ja Wissen, daß sich hinter ihr ein Riß verbirgt.

Später zeigt er uns Fliesen in einem glänzenden Kosmetikladen, durch die sich ein Riß schlängelt wie ein unbekanntes Reptil, klein, unauffällig, leise, aber große Zerstörungen und Absenkungen ansagend. Was ist eigentlich mit den anderen Tieren, den Ratten der Lüfte, die den dunklen Bahnhof bis zu seinem Umbau in den 1990ern begleiteten? Damals war der Bahnhof seinem Schicksal, dem einstmaligen Untergang, viel näher als heute. Ich erinnere mich an stille Abende in der gewölbten Finsternis, es kamen kaum noch Züge, es lag ein Staub in der Luft, und die Tauben beherrschten die Fahrpläne und Gleise. Sie schwangen sich umher, als seien sie Herrinnen auf einem untergehenden Schiff, so scharf klang ihr Gurren, so selbstsicher standen ihre Krallen und Federn, so unerbittlich schissen sie die Welt aus Stein und Metall zu, so sicher machten sie alles zu Kalk, und Venedig ist nicht anders.

Die Tauben, so der König, nicht ohne Stolz, werden heute mittels verschiedener Taubenverbrämungsmethoden verbannt. Es gibt Stacheln auf den Lampen, Dornen und Nägel, so daß sie sich nicht setzen können. Es gibt Netze und es gibt ein akustisches Taubenschild. Man stellt es auf eine den Tauben unliebsame Frequenz ein, und so verirrt sich nur ab und zu mal ein Vogel in die Halle. Denke nach: über einen Taubenverbrämer, der dies beruflich macht, und wie er eines Tages, denn sein eigentlicher Haß gilt den Menschen, diesen Taubenfeinden, den Verbrämer auf eine andere Frequenz einstellt, mit welcher man Menschen vertreibt, und so wundern sich die Schalterbeamten, daß kein Fahrgast mehr kommt, während die Hallen sich wieder mit unzähligen Tauben füllen.

Wir wandern durch die kleine Stadt, für den König der Himmel auf Erden, und kommen in ein modernes Verwaltungsgebäude. Es ist Sonntag zwar, doch auch hier erweist sich die Macht des Königs, er bekommt den Schlüssel, und wir dürfen aus dem vierten Stock, aus einer bürokratischen Glaswelt auf diese Welt mit ihren schlangenartigen Leitern schauen, die am Boden kleben, auf die halbrunden Zelte, in die lange Würmer aus- und einfahren, auf wartende Würmchen, die aufgetankt werden und auch den schwarzgelben U-Bahn-Eingang von 1915 sehen wir. Es ist der Blick des Herrschers auf sein Reich, wir dürfen fotografieren. Dann kommen wir in die Kommandozentrale. Der König ist gar kein König, wie wir feststellen, er hat einen Computer und neben ihm gibt es zwei weitere Computer. Er ist größer und unsichtbarer als ein König, er ist der Hüter der Fahrpläne. Wenn er König genannt werden muß, dann der König der Verspätungen.

Gorbatschow hat gesagt, wer zu spät komme, den bestraft das Leben, doch wer zu spät kommt, das bestimme immer noch ich. Das hat der König natürlich nie gesagt, es wäre unter seiner Würde und seiner Menschlichkeit. Er ist es aber, der entscheidet, welcher Zug warten muß oder welcher weiterfahren darf, wenn es Verspätungen gibt, er hat alle Fahrpläne, Gleise, Stellwerke im Kopf, er kennt alle Bau- und Sonderzüge und hält alle Baustellen und Kreuzungen im Bahnhofsumfeld im Blick. In den 1990ern mußte er den Bahnhofsumbau mit komplizierten Planänderungen begleiten, nun gibt es neben anderen Baustellen den Citytunnel, der sich unaufhaltsam in die Bahnhofswelt hineinfrißt. Aber auch für dieses Tier muß gesorgt werden. Und was ist, wenn er bald in den Ruhestand geht? Darauf antwortet er nicht, oder nur ausweichend: wie schlecht er eigentlich bezahlt werde für seine komplexe Arbeit: wie ein bloßer Dateneingeber.

Er zeigt uns die massiven Pläne, die der Besuch der Bundeskanzlerin Mitte September in Leipzig notwendig machte. Etwa 70 Züge im Plan mußten zwischen 16.01Uhr und 19.11Uhr verändert werden. Ich erinnere mich nur, wie plötzlich, als ich in der Stadt herumging, eine Stille herabfiel von den Kaufhäusern, sich ein Spalier bildete vor dem Zeitgeschichtlichen Museum und alles wartete. Da, geschwind und flockig, näherte sich ein hurtiger Pulk, in dessen Mitte sich etwas Besonderes zu bewegen schien, ich sah nur die Haartracht, und mit ihm zogen seltsame Stangen, die mit Keulen und Wuscheln hin- und herwippend eiligst mitflogen, das waren doch sicher Totemstangen und Stammeszeichen. Der behinderte Musikant aus Rumänien wußte nicht, was geschah, warum die Leute alle magnetisch hinweggezogen wurden, und er sprang auf und hinkte schnell in die Menge hinein, ungläubig schauend. So ist das, wenn große Menschen an uns vorüberziehen. Groß sind dann auch die Veränderungen, die sie an Bahnhöfen hervorrufen, kleine Tsunamis zerreißen den Fahrplan, und der König der Verspätungen muß sie als Herold der Welt verkünden.

Fahrpläne hängen an der Wand wie altes Obst, oder sie liegen herum, handschriftlich korrigiert.

Nix schaffe und net hetze,
ich bin bei DB Netze.

Solche schwäbischen Sprüche sind sicherlich durch Westkontakte erworben worden, ein Import, über den sich einmal nicht streiten läßt. Eine Tasse mit der Aufschrift »Kaffee Ostalgie«. An der Pinnwand eine LVZ vom 29.12.1981. Die Schlagzeilen, die hier möglicherweise seit 38 Jahren hängen: *Krisenlasten bedrücken Werktätige der EG-Länder.*

Weitere Fortschritte der Normalisierung in Polen. Daneben der Brief einer Blockflöte aus Holzhausen an die Unionsfreunde von 1986, eine einsame Melodie aus der Vergangenheit, liebevoll konserviert für die Jugend, die von alldem nichts weiß.

Jedem Besucher wird in Form einer Rolle – einer Papyrusrolle – das wichtigste Wissen über den Bahnhof in die Hand gegeben: ein Zeitungsartikel, der Plan für die Bundeskanzlerin, Karten und ein handgeschriebener Bericht über den Bahnhof. Kurz und knapp die Würdigung seiner Gründungsdaten, doch dann ein episches Unterfangen: die Darstellung der Zeiten, als der Bahnhof in den 1990ern umgebaut wurde.

Man begann 1909 zu bauen, das war das Jahr, in dem ein Amerikaner angeblich als erster Mensch den Nordpol erreichte. Die Bauzeit währte sechs Jahre. Eines Tages war Franz Kafka in der Stadt mit seinem Freund Max Brod und im Tagebuch klagte er über den Baulärm, der nachts in sein Hotel drang. Am 4. 12. 1915 wurde der Schlußstein gelegt. Man findet ihn heute in einem Friseurladen. Im Dezember 1915, wir sind mitten im Weltkrieg, wurden Edith Piaf und Frank Sinatra geboren, in diesen Wochen starben auch der Arzt Dr. Alzheimer und der kosmisch-übermütige Dichter Paul Scheerbart. Ein paar Tage zuvor fiel mein Großvater in der Nähe von Warschau. Der gute Geist des Leipziger Bahnhofs erklärt uns auch noch, daß der neue Bahnhof mehrere andere Bahnhöfe zusammenfaßte, insbesondere natürlich den sächsischen und preußischen. Heute ist der Wartesaal in der sächsischen Hälfte, dem Osten, ein Lokal, während die Preußen nüchtern blieben und sich einen Buchladen in ihre Hälfte setzten. Unheimlich ist, daß genau am Jahrestag der Schlußsteinlegung, dem 4. 12. 1943, der Bahnhof bombardiert wurde. Wie hätten die Leipziger 1915 auf einen Propheten reagiert, der ihre Schlußfeier mit solch einer Nachricht gestört hätte? Hätten sie geglaubt, der gerade begonnene Krieg würde bis 1943 weitergehen?

Nach der Wende kamen westliche Bahnhofsexperten nach Leipzig und fielen aus allen Wolken, als man ihnen das älteste Stellwerk zeigte: 1892! Unvorstellbar im Westen, dieser Bahnhof war das reinste Eisenbahnmuseum! Heute wird der Hauptbahnhof Leipzig von sieben Kollegen mit modernster Technik bedient.

Wir ziehen über die Brandenburger Brücken, steigen wieder eine Böschung hinab und schauen in den Tunnel, aus dem immer wieder eine weiße Schlange zischt oder in der sie verschwindet. Stillgelegte Strecken haben ihre eigene Poesie. Die Grashalme und die rostenden Gleise führen flüsternd einen Dialog, die Vergangenheit wartet auf die nächsten Ankömmlinge.

Zweite Mythologische Exkursion
(September 2009)

WIR TREFFEN UNS, KINDER, HUNDE, ERWACHSENE, SPATEN,
Hämmer mit flachen Finnen wieder an der Autobahnabfahrt San-
gerhausen/Artern bei McDonald's. Die Karawane zieht langsam
weiter in den südlichen Harz hinein. Ein Kiesgrubenbesitzer, der
seit langem keine Besucher mehr hereingelassen hat – nur den Phy-
siker, der Kiesel unter seinem Kopfkissen hat und mit einer bescheidenen, durchlöcherten Kiste hier aufkreuzt, und von dem man viel
lernen kann, den läßt er hinein. Es ist schon zu viel passiert, der

Unterschied zwischen Geologen und Abzockern ist nicht leicht zu erkennen, es sollen hier etliche Campingwagen gestanden haben, die mit versteinertem Holz gefüllt waren. Und so ist es ein wahres Wunder, daß er uns hineinläßt, mit Kindern, Hunden und Finnen. »Ja, wir haben eine Menge versteinertes Holz, aber wir haben entweder keine Zeit, wir wollen oder können nicht, oder wir sind einfach zu blöd dazu, diese Versteinerungen zu sammeln und zu verkaufen.« Unser Geologe schenkt ihm ein Stück aus Sachsen, worauf der Sachsen-Anhalter gleich zum Dank einen Vers von sich gibt:

> Gott erschuf die Menschen
> und ließ sie wachsen,
> dann kam der Teufel
> und erschuf die Sachsen.

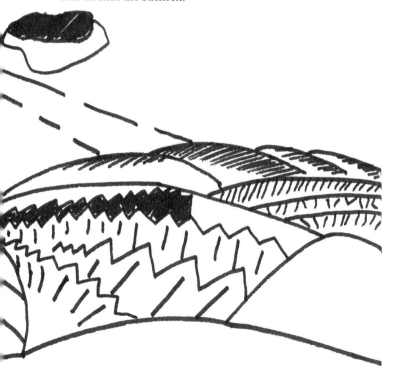

Mit diesen Worten geleitet uns der Herr der Kiese in sein rotes Reich, ein verkleinerter Grand Canyon. Versteinertes Holz, das aus dem Harz herabgeschwemmt worden ist, liegt in großen Haufen da, aus den Wänden glimmern die kleinen Kiesel in Banden, das Archiv der irdischen Evolution tut sich auf. Die Kinder hämmern und rutschen, der Hund springt die steilen Überhänge hinauf als wären es bloß Wellen, luftiges Wasser. »Hier«, sagt der Kiesherr, »diese Stelle ist vor zwei Wochen ausgebaggert worden, die hat bis vor zwei Wochen noch kein Mensch gesehen.« Überhaupt sind wir heute Auge und Hand. Maren findet ein armgroßes Stück und wäscht es im Tümpel, sie ist die Heldin des Tages. Wir fahren ins Gasthaus Bennungen, wo ein Jahrmarkt voller Spannung in der Sonne liegt. Hier und da wird geputzt und die Stände werden aufgestellt und vorbereitet. Die Jugend des Dorfes sitzt am Autoscooter und wartet auf die geliebten Signale, die ältere Jugend Bennungens sitzt auf Bänken oder lehnt an Hauswänden: Alle erwarten etwas Großes, die Spannung ist kaum noch erträglich. Um zwei wird es losgehen! In einem Zelt tanzen alte Damenpärchen klackernd auf dem Holz zu »Das ist die Berliner Luft, Luft, Luft.« (Abends lese ich Dostojewskis *Strafe und Verbrechen* und da taucht die Phrase »Luft, Luft« in der Rede des Polizisten wie des schmierigen Swidrigajlow auf.)

Wir ziehen weiter, zur größten Autobrücke von Sachsen-Anhalt, 1,1 km lang. André, unser Expeditionsleiter, hat sie geplant. Ein mächtiges Gerippe aus Stahl und Beton erstreckt sich über unsere Köpfe, über das Thyra-Tal hinweg. Die einen bauen es, aber es fehlen ihnen die Worte, die andern haben die Worte, doch sie können nicht bauen. So stehen wir um den Bauplan herum, den er aufs Auto gelegt hat, und sehen die Pfeiler wie in einem Spielzeugland, während sie uns doch hinter unserem Rücken um das dreißigfache überragen. Sind wir nicht immer in dieser paradoxen Lage, wenn wir uns Gedanken über das Leben, den Weltraum, die Gesellschaft machen? Etwas Großes umfängt uns, ohne daß wir es merken, aber wir reden darüber, als stünde es auf einem Stück Papier. Jedenfalls steht eine der Säulen auf einer Störzone, einer Verwerfung, die sich irgendwann einmal bewegen wird, doch hoffentlich nicht in den nächsten hundert Jahren. Länger wird die Brücke ohnehin nicht halten. Wir fahren weiter, diesmal werden wir zu den sieben Zwergen, denn wir ziehen unsere Hämmer hervor und klettern auf eine Schieferhalde. Dort werden immer wieder Fossilien von Fischen gefunden, die dort aufgrund von Sauerstoffmangel zugrundegingen, war es im Pleistozän? Man rollt das Modell eines solchen pleistozänischen Fisches vor uns auf, es ist sozusagen die Zielvorstellung, jener Fisch, den wir angeln könnten, wenn wir Glück haben. Und so hämmern wir, die Alten, die Kinder und der Hund unentwegt Schieferplatten in dieser Einsamkeit auf. Doch das erste, was gefunden wird, ist ein Hammer. Wir bringen so manche kupferfarbene Form zwischen den Platten heraus, ich glaubte sogar einen kleinen Fisch gefangen zu haben, aber es ist nur ein steinzeitliches Exkrement. Insektenscheiße, rufe ich enttäuscht, doch der Geologe tröstet mich, es seien Bakterien, die seien noch weniger organisiert als die Insekten. Ganz am Ende findet jedoch eines unserer Mädchen den Teil eines Fisches im Schiefer abgebildet. Wir sind nun zufrieden, denn wir haben in die Zeit geschaut wie in ein tiefes Glas. Nun müssen wir aber auf die Autobahn gehen, denn zuhause wartet eine Kürbissuppe. Wir nehmen unseren Freund, den Vorsitzenden aller Mythologen mit, denn sein Auto ist heute morgen stehen geblieben, einfach so. Der ADAC meinte, das wird teuer, die Kupplung sei ja wohl gerissen und so weiter. Jedenfalls deutet der Vorsitzende dies als Götterspruch. Er hatte nachts zuvor zuviel getrunken und arbeitete noch emsig am Restalkohol, als er sich morgens ins Auto setzte. »Die Götter wollten mich mal kurz aus dem Verkehr ziehen.« Die These wurde am nächsten Tag offiziell bestätigt. Nachdem eine Kfz-Werkstatt sich den Fall beschaut und alle möglichen Operationen kostspieliger Art angekündigt hatte, zeigte der Vorsitzende sein Auto noch mal einem Freund, der sich auskannte. Der ließ den Motor laufen, horchte genau hin, schraubte dann ein Rad ab, griff ins Getriebe, und in drei Minuten fuhr das Ding wieder. Die Götter hatten damit gesagt, daß sie ihn nicht bestrafen, sondern nur beschützen wollten. Die Kürbissuppe schmeckte ihm an diesem Abend besonders gut.

Deutscher Harz (November 2009)

Das wird eine Fahrt mit dem Auto und mit Verwandten und sind das nicht die ersten Erinnerungen, die wir von Ausflügen überhaupt haben? In Käfer und Enten gepfercht, auf dem Weg in die nächste größere Stadt, um eine alte Tante heimzusuchen, oder ins Sauerland, um mit dem Onkel in sein Jagdrevier zu gehen? Und es kann sehr schön sein, auch jetzt noch. Wenn der Fahrer die erste halbe Stunde damit verbringt, auf sein Navi einzuschimpfen und die anderen ihn zu beruhigen versuchen, der Hund schon eine Runde Haare abstäubt und Allergien sich breitmachen, dann gleich noch der erste Streit über Landkarten und deren beträchtliche Kunst des Verbergens von Ortschaften und Straßen, und hab ich dir nicht schon immer gesagt, du sollst dir eine neue besorgen, aber ich hab doch den Navi, und der ist auch schon zwei Jahre alt und kennt die neuen Baustellen überhaupt nicht, und wer wohl recht hat, in welchem Bundesland wir jetzt überhaupt sind, neulich erst hat ein Navi eine Fähre mit einer Brücke verwechselt und der LKW ist voll in den Fluß gestürzt! Gibt es bessere Unterhaltung? Wir jedenfalls sind nach Sangerhausen gefahren. Da steht ein Geburtshaus, adrett an einer Straße, wo sich Baumarkt und Supermarkt die Welt streitig machen, und die gab es damals bestimmt nicht, da war Krieg und man machte sich die Welt auf ganz andere Weise streitig, und dann war der Krieg zu Ende und der Vater blieb in Gefangenschaft und eines Tages lief das Mädchen von der Schule zurück und hüpfte, wie es gewohnt war, durch den Straßengraben und da tauchte ein zerlumpter Kerl auf, bärtig und hager, und rief, bist du vielleicht die Monika? Die Monika erschrak und rannte so schnell sie konnte nach Hause und da stand derselbe Hagere und Zerlumpte plötzlich im Hof, und Nachbarn kamen und sagten, das ist doch dein Vater, Moni, du brauchst keine Angst zu haben, das ist doch dein Vater. An den Vater erinnert sie sich dann nur noch, wie er im Bett lag, wochenlang, oder waren es Jahre, wie er schwach aus dem Fenster winkte, immer krank war er, Tuberkulose, und die hatten sie dann alle, aber er starb bald. Das war ihr Vater. Die Großmutter stürzte eines Tages die steile Treppe hinunter und brach sich den Oberschenkelhals, sie wurde noch ins Wohnzimmer getragen, aber dann starb auch sie. Aber die Kindheit war schön, mit Schlittenfahren, die lange Wiese zum Hang hinaus, Spielen, Spielen und Spielen, und wie schlimm das war, als sie dann nach Leipzig zogen und dort wohnte man so eng, in dunklen Hinterhöfen, vollgestopft mit Menschen die Häuser nach dem Krieg.

Wir stehen vor diesem Haus, wo heute die Rüdigers wohnen. Ein Mann in guten Jahren zeigt uns den Hof und die lange, aufsteigende Wiese. In der Nachbarwiese stehen jetzt Alpaca, die sind neugierig, und Molly bellt sie seltsam heiser an. Der Mann erzählt vom Haus, und er würde sich über alte Fotos freuen, und seine Oma, die sei die steile Treppe hinabgestürzt und gestorben, also schon wieder, und ob er denn nicht lieber ausziehen würde, mit so einer mörderischen Treppe könne man doch auf Dauer nicht leben, doch nein, aber die Treppe habe man umgebaut, lächelt er, es ist wieder alles im Lot. Und wenn wir wollen, können wir uns ganz viel von den abgeschnittenen Edeltannen mitnehmen, das wär doch schön für die Adventszeit, und nächste Woche ist ja Totensonntag, nur erfährt man das nicht aus dem Radio.

Moni meint, das Zentrum mache nicht viel her, wir müssen es uns nicht anschauen, aber da ist ihre Erinnerung zu bescheiden, denn das Zentrum von Sangerhausen ist schön. Für ihre Worte wird sie bestraft. Wir fahren zu schnell auf der Ausfahrt, die Polizei hält uns an. Moni hebt ein großes Jammern an, sie sei doch heute an ihren Geburtsort zurückgekehrt, nach so vielen Jahren habe sie ihr Geburtshaus wiedergesehen, die Orte ihrer Kindheit so kurz nach dem Kriege ...!

»... und dann kommen die Bullen und messen«, ergänzt der Polizist verständnisvoll und kassiert ab.

Kyffhäuser. Da ziehen für mich Veteranen der Kriege Eins und Zwei durchs Dorf oder versammeln sich in Kneipen, die dann wegen Sonderveranstaltungen geschlossen sind, zu ihren rauchig-schnapsigen

Festen, auf die sie, umhüllt mit ihren Abzeichen, Krücken und Uniformen, schwere Fahnen schleppend zogen. Vielleicht tauchte eine Abordnung von ihnen an Gräbern oder auf Schützenfesten auf, ja, im Schützenfest waren sie am sichtbarsten, ein eigener Block, der hinter den jungen Schützen marschierte, die noch keine Falte trübte. Es war auf jeden Fall das Letzte, diese Kyffhäuser in den 1960er Jahren. Es war etwas Buckliges und Knochiges an ihnen, und diese »häuser« deuteten auf Abseitiges, irgendwo draußen in Hütten Lebendes. So mag das ausgesehen haben für mich in meiner westfälischen Jugend und groß war das Erstaunen, als ich eines Tages von Leipziger Studenten hörte, daß sie in ihrer Kindheit Ausflüge zu diesem Kyffhäuser gemacht haben. An solchen Stellen wird mir immer die Schräglage der Geschichte, zumal der deutschen, bewußt. In diesem Fall, daß das, was für uns damals Inbegriff des Reaktionären war, diese Kyffhäuserverbände, sich ganz schlicht aus einem Ort herleitet, der mitten in der alten DDR lag und dort auf seine Weise verehrt wurde. Darin lag vielleicht auch ein Teil des Schmerzes dieser Vereine, daß es schwer für sie gewesen war, an den Ort ihrer Geburt und Heiligung, in dieses Kyffhäusergebiet eben, zu kommen.

Das erste sind die Büdchen und Lädchen, die Wurst- und Imbißstände, die noch jedes Denkmal umzingeln. Und gut tun sie daran, denn ohne die Eiswagen und Crêpesverkäufer wären Monumente nur unerträglich. So helfen uns die Geschmacks- und Geruchssensoren mit nationalen Lasten leichter umzugehen, sie als inzwischen exotisch gewordene Teile unserer selbst zu erleben. Wie die Eiskugel unter den Zungen verschwindet, so werden alle Denkmäler dieser Welt verschwinden, etwas langsamer, aber es besteht so gut wie kein Unterschied vor dem Auge des Universums. So zerrt und zieht der kleine Mann an den versteinerten Erhebungen des großen Mannes, der sich manchmal Kaiser, manchmal Volk nennt; Narzissmus ist in jedem Fall gegeben.

Denkmäler sind oft von anderen, kleineren Denkmälern umgeben. Sie möchten alle, wie die Wurstverkäufer, etwas abhaben von den großen elektrischen Strömen, die solche Prachtwerke umgeben.

In einer Grube liegt so ein kleines Denkmal. Es ist das Steinbild eines einst großen Mannes, der den Namen Hindenburg trug, mit dem Titel wie Feldmarschall und Kopfbedeckungen wie Helm mit Federbüschen verbunden bleiben, ebenso eine Schlacht, die geradezu metrisch und semantisch auf den Namen des Siegers anspielt, die Schlacht von Tannenberg. Mitte der dreißiger Jahre wurde er in härtesten Porphyr gehauen und dem Denkmal beigestellt. Der Bildhauer Hermann Hosaeus schlug diesen Stein, sein größtes Werk, fünf Meter gab er dem Hindenburg. Doch dann kamen die Russen und stießen den Generalfeldmarschall um. Angeblich war er zu hart für eine Sprengung und so vergruben sie ihn. Doch vor einigen Jahren stieß ein Hotelier bei Grabungen auf diesen klobigen Mitbewohner seines Grundstücks.

Heute liegt er weiterhin, aber man kann ihn sehen, den Stiernacken mit dem Schweif unter der Nase und dem Igelschnitt, den Sieger von Tannenberg, den gewählten Reichspräsidenten, den Türöffner Hitlers. Die gespaltene Erinnerung spaltet oder verdoppelt ihre Denkmäler. So steht neben dem Liegenden noch ein anderer Hindenburg, einer aus Holz, das mit Nägeln bespickt ist, als ob eine spätere Generation Voodoo mit ihren ungeliebten Ahnen betreibe. Die Lebenden mag man loswerden, mit den Toten ist es schwieriger. 1975 stießen Arbeiter bei Grabungen auf dem Gelände eines Heimes, in dem sich einst die überarbeiteten Stasioffiziere erholten, auf den Alten vom Berg. Schnell wurde er wieder zugeschüttet, um nicht unnötige Emotionen zu wecken. Nach der Wende übernahm ein Westhotelier die Anlage und siehe da, da war er wieder, der alte Geist, in Stein gehämmert. Laßt ihn liegen, er soll gesehen werden, aber nicht stehen und herrschen.

Eine gute Vorbereitung also auf das Denkmalernde, das vermalte und vernebelte Denken, das in jedem nationalen Denkmal schwebt. Auch im Berge liegt ja ein Geist begraben und so manchesmal glaubte man, daß er wieder erstünde, der rote Bart mit dem Kaiser daran. Da es nicht geschah, baute man in diesen sagenreichen Felsen einen Stein und malte darin einen Kaiser ab. Nun ist er also auferstanden, aber eben nur in Stein. Gewidmet ist der Kyffhäuser dem ersten deutschen Kaiser nach der Gründung der Nation, dem Kaiser Wilhelm I. Aus einem Automaten, den man mit einem Euro füttern muß, ertönt eine romantische Verslegende von Friedrich Rückert über Barbarossa, da schaudert es einen, wie man da in dieser Grotte steht, und ein Kaiser aus Stein fließt, der nur noch Bart ist und mit seinem Tisch zusammenwächst, während er dauernd Raben nach draußen schickt, die ihm krächzen sollen, wie die Welt beschaffen sei. Vergessen wir auch nicht, daß er gerne seine Identität wechselt. Zunächst glaubte man nämlich, in der Höhle im Berg den Kaiser Friedrich II. zu sehen, dann wurde es irgendwie Karl der Große, bis man im 16. Jahrhundert beschloß, Barbarossa dort sitzen zu lassen. Der Bau des Denkmals muß lange geplant gewesen sein, denn schon drei Tage nach dem Tod des Kaisers Wilhelm I. wurde ein Antrag auf Errichtung des Denkmals eingereicht. Wie es damals hieß: Kaiser Weißbart erlöst Kaiser Rotbart. Barbarossa/Friedrich I. war auf einem Kreuzzug in der Türkei umgekommen. Man kochte seine Knochen und schickte sie nach Hause. Allerdings hat er nicht nur einen Schlafplatz, sondern mehrere. Auf einem von diesen weilte Hitlers Blick, wenn er aus seinem Haus in Berchtesgaden auf die Welt schaute, auf den Untersberg, und der Diktator glaubte, das sei ein gutes Zeichen, wahrscheinlich kannte er die Geschichte mit den Knochen nicht. Jedenfalls identifizierte sich Nazideutschland gerne mit Barbarossa, weil man glaubte, er habe das Reich nach Osten hin erweitert und sei so ein richtiger Germane gewesen. Richtige Germanen tragen ja immer italienische Namen. Für den Überfall auf die Sowjetunion 1941 wählte Hitler daher den Namen des Kaisers: »Unternehmen Barbarossa«, und verdrängte andere vorgeschlagene Namen wie »Plan Otto« oder »Plan Fritz«.

Was auffällt, sind die Ornamente und Figuren an der Decke und den Säulen: Sie sind mitnichten preußisch-griechisch oder neogotisch-romantisch. Sie sind aztekisch. Ob wir wollen oder nicht, wir sind an einem Kultplatz, auf dem geopfert wird und wurde. Heute ist es die Landschaft, die sich dem Beschauer darbietet wie ein schutzloses Wesen, aber gut, wir genießen diesen späten leuchtenden Herbsttag und dafür ist das Denkmal bestens geeignet. Auf dem

Turm zeigen die Wegweiser in alle Richtungen: nach Sanger- und Sondershausen, nach Kassel und Quedlinburg, nach Berlin und Halle. Doch dort, wo Leipzig stehen müßte, steht gar nichts in die Wand gemeißelt. Ist es das andere Denkmal, welches 15 Jahre später in Leipzig gebaut wurde, das größte Denkmal Europas, über das man schweigen will? Und doch wurden beide Denkmäler, Kyffhäuser wie Völkerschlachtdenkmal, von demselben Architeken erbaut.

Kritisch aufgearbeitet ist die Geschichte der Denkmäler Europas in einer Ausstellung unten. Auf der engen Treppe hinauf sieht es aber gleich anders aus. Dort kommen uns einige Touristen entgegen und interessanter als die Dosen und Papiere, die Reisende hinterlassen, sind die Worte, die sie unterwegs verlieren.

»Wirklich schön, mal wieder ein richtiges Denkmal zu sehen und nicht nur immer dieses Multikulti-Einheitsgesülze!« Da mühen sich Politiker aller Couleur ab, das zwanzigjährige Jubiläum der Wende in würdige Worte zu gießen, und dann so was!

Und noch ein Denkmal, auf dem Rückweg zum Parkplatz, bevor wir uns an die Stände mit Met, Holundersaft, Kräuterlikör und Spielsachen werfen. Hier ist eine kaiserliche Botschaft vom 17. November 1881 in einen Stein gemeißelt, der 25 Jahre später mit dem Kyffhäuser-Denkmal errichtet und 1993 von dem Verein deutscher Studenten, also den Burschenschaften, erneuert wurde. Auf diesem Stein wird der Kaiser Wilhelm I. zitiert, der zu sozialem Denken auffordert: »Wir halten es für unsere kaiserliche Pflicht, dem Reichstage die positive Förderung des Wohles der Arbeiter von neu-

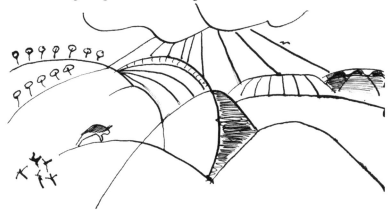

em ans Herz zu legen.« Was war geschehen, daß solch ein Spruch in Stein gemeißelt wurde? Gab es soziale Proteste der 1890er, die man damit abfangen wollte, gerade im Zusammenhang mit der Errichtung eines teuren Denkmals für diesen sozial denkenden Kaiser? Sollte Wilhelm II. damit ermahnt werden?

Wir gehen essen in einem Wirtshaus auf dem Lande, kurz vor Frankenhausen. Auf der Wand der umgebauten Scheune sind zwei Gestalten aus dem 17. Jahrhundert gemalt. Dazu der Spruch: »Es gehört die brave, fruchtbare Welt für immer nur dem, der sie fleißig bestellt.«

Der Wirt auf meine Frage, woher das kommt: »Das ist von Thomas Müntzer. Hier ist ja Thomas Müntzer Land, da dachten wir, das wäre ein passendes Zitat.«

Wir haben dann auch bestellt, und zwar einen Wildbraten.

Das letzte Denkmal auf dieser Denkmaltour ist ein Rundbau auf einem Hügel in einer hügeligen Landschaft, ein grau-silber gestreiftes Gebäude, das die Landschaft beherrscht und vom ominösen Volksmund, den es nur dadurch gibt, daß er fortdauernd zitiert wird, aber eigentlich gibt es ihn gar nicht – von diesem also »Elefantenklo« genannt wird. Er erinnert mich allerdings eher an einen Elefantenfuß, der hier stehen geblieben ist, während seine drei Kollegen mit Hannibal weiter durch Thüringen zogen.

Der Bau aus DDR-Zeiten hat innere Größe, an anderen Orten würde man etwas Sakrales oder Exzellent-Elitäres erwarten – eine Cézanne-Ausstellung vielleicht oder Ikonen. Der hier ausstellt, ist tatsächlich ein Ikonenmaler. Einmal erhielt er eine Ikone geschenkt und wußte nichts damit anzufangen und so malte er sich selbst in das Heiligenbild hinein, als frecher junger Mann. Man kann es heute in der Leipziger Springerstraße besichtigen, wo seine Witwe regelmäßig die Türen zum Wohnhaus öffnet.

Werner Tübke, der große Leipziger Maler, durfte hier – unterstützt von der Arbeiter- und Bauernrepublik – einen Lebenstraum verwirklichen, mit dem er bis heute zu uns spricht. Seine Kunst ist altes Handwerk und wenn sie sich des Panoramas bedient, so ist auch dieses Rückgriff auf vormoderne Technik. Vor dem Kino gab es Panoramen – Schlachtenbilder und Landschaften, Stimmungen und Stadtansichten – und sie schienen vor dem Ansturm der schnellen Bilder zu verschwinden. Doch erleben wir in den letzten 20 Jahren die Wiederkehr dieses Mediums. In Leipzig und Dresden zaubert Yadegar Asisi immer neue Visionen herauf in seinen Panometern, ob den Mount Everest oder das Dresden von 1756, ob das alte Rom oder das südamerikanische Amazonien. Die Menschen suchen nach Inseln in den schnellen Strömungen der Zeit, nach Ruhe in der Beschleunigung, und da ist dieses alte Medium goldrichtig. Man hat für einen längeren Augenblick wieder Herrschaft über das eigene Sehen gewonnen und man muß sich nicht dauernd von fremden Instanzen Bilder einspritzen lassen. Das Sehen wird zu einem Akt der Freude, es findet überhaupt erst einmal wieder mit Bewußtsein statt. Für 2013 plant Asisi, ein in Leipzig aufgewachsener Iraner, eine Darstellung der Völkerschlacht. Schlachtenbilder mag er eigentlich gar nicht, aber er wird sich etwas einfallen lassen.

Tübke, mit einem Instinkt für das zeitgemäß Anachronistische, scheint schon damals die kommenden Zeiten geahnt zu haben. Bis auf einen sind alle seiner Mitmaler am Bauernkriegspanorama abgesprungen, es muß ein hartes Projekt gewesen sein. Es gibt regelmäßig Führungen durch diese Landschaften des 16. Jahrhunderts, die Zeit der Bauernkriege, die Zeit von Reformation und Humanismus, von unglaublicher Brutalität und visionärer Erscheinung. Da treten Propheten wie Bettler auf, Kannibalen und Jungfrauen, monströse Zeichen erscheinen am Himmel, ein riesiger Fisch hängt im Baum, transparent, und durch seine Schuppen hindurch leuchten Menschen. Luther, Erasmus, Melanchthon und andere Humanisten stehen um einen Brunnen herum und schauen auf Rosen, die im Wasser schwimmen. Eine rosenkreuzerische Versammlung sozusagen inmitten der Gräuel des Krieges, der Abschlachtungen und Verfolgungen, der Prasserei und des Hungers – das deutsche Trauma. Nicht viel geändert hat sich in der Welt als ganzer, das ahnen die Zuschauer, und sie sind froh, in ein Auto steigen und nach Hause fahren zu können.

Der Name des Hundes, Teil I (Neujahr 2010)

DIE TIERE ERKLÄREN UNS DAS NEUE JAHR. BEIM GANG DURCH den Schnee stießen wir auf eine Frau mit Gepäck, es sah aus wie ein kleines Faltboot unter ihrem Arm, vielleicht ein Surfbrett, oder kleiner noch, eine Rutschscheibe, und sie blieb stehen und rief »Komm, Pünktchen, komm!« Das Pünktchen versteckte sich hinter einem Gebüsch, sie rief weiter, »Komm, Pünktchen, komm, der Hund ist weg!« Wer ist dieses Pünktchen? fragten wir und sie sagte, es sei doch ihre Katze. Immer wenn sich ein Hund nähere, suchte sie sich ein Versteck. So komme man leider schlecht vorwärts. Diesmal hielt Pünktchen uns für zwei Hunde, so gingen wir weiter und nahmen an, daß sie sich bald, uns in sicherer Entfernung wissend, aus dem Gebüsch stürzen würde. Warum nennt jemand seine Katze Pünktchen? Ist es der Schatten von Erich Kästner, sind es Punkte auf dem Fell oder im Auge? Wir beschlossen, von nun an alle Tierbesitzer nach den Namen ihrer Tiere zu fragen. Es hatte auch damit zu tun, daß ich bei Lesskow gerade über einige Russen las, die über den Namen von Hunden diskutierten und dem Mischling eines Diakons den Namen Wiesie gaben, wofür letzterer von seinem Oberpriester eine Rüge erhielt. Bei dem ersten Dackel des Tages vergaßen wir noch die Frage, er leckte und sprang wie ein Wiesel, aber dann stand ein Golden Retriever hinter einem Tor und wedelte besorgt mit dem Schwanz, während ein Vierzehnjähriger sich auf den Weg machte. Wie heißt denn euer Hund, fragte ich, und er sagte:

– Odin. Das ist der Name von einem germanischen Gott. Und bald kriegen wir noch so einen Hund, und er wird Sleipnir heißen. Das ist das achtbeinige Pferd von Odin.

– Seid ihr denn Fans von germanischen Göttern?

– Nein, aber das ist doch interessant.

Und eine ältere kleine Frau stand, wie von ihrem aufrecht wachenden Hund festgenagelt, auf einer Schneewiese, wir fragten sie nach ihrem Hund und es stellte sich heraus, daß er Schnurz hieß. Als sie ihn kauften von einem Tierzüchter, ein echter Border-Collie, dieser Hund und nicht der Tierzüchter, da fragte sie ihren Mann, wie soll er denn heißen. Er aber sagte, daß ist mir schnurz, und so wurde er ihnen der Schnurz. Schließlich im Park hinter dem Kindergarten, ging eine Kleinfamilie mit Hund, der sah aber edel aus und wir tippten auf Ajax. Wir überholten die guten Leute, wünschten ihnen ein Gesundes Neues Jahr und lobten die Schönheit ihres Hundes, wo gibt es denn so was und wir würden auf Ajax tippen. Nein, sagte der elegant gekleidete Mann, der heißt Topas, er ist nämlich eine Frau mit grünen Augen. Sind Sie vielleicht die Leute, die am Teich wohnen, frage ich, und ja, sagen sie, direkt hinter dem Haus des Heimatvereins, und die Leute in Sachsen sind nicht so tierlieb, das fiel uns schon auf, wir kommen aus Bayern, heute haßt man Hunde, gestern waren es Juden, heute sind es Hunde, Radfahrer, Eistaucher und was sonst noch, nur ihre eigene Blödigkeit, die hassen sie nicht. Gegen die schreibt eben keiner Leserbriefe, sagte Ulrike, nur gegen die Radfahrer und so verstanden wir uns auf Anhieb und er war ein Kunstgelehrter und die Frau hatte Don Camillo und Peppone noch letzte Woche gesehen und wir sprachen über Bayern, alte Häuser, Hunde und Filme.

Warum heißt Molly eigentlich so, fragte ich, welche Gründe gibt es? Ulrikes Sohn bekam von der Oma einst eine kuschelige sogenannte Mollidecke und daraus schloß er, daß Hunde auch so kuschelig sein müßten und benannten den Hund, den er dann bekam, nach dieser Decke. Aber der ganze Name lautet eigentlich Molly Mosaik.

•|•

Haeckel im Schnee (Januar 2010)

Noch fällt es schwer, rechtzeitig die 1 für das neue Jahrzehnt in der Jahreszahl zu treffen. Neun Jahre lang haben wir stupide immer zweimal hintereinander die Null gedrückt, doch jetzt müssen wir stoppen und eine 1 eingeben. Zehn Jahre lang wird das nun so gehen. Wir fuhren darum nach Jena, im tiefen Schnee, durch weißwüstes Land zwischen Gera, Zeitz und Göschwitz, vorbei an Töppeln. In Töppeln müssen wir wieder an Hunde denken, überhaupt habe ich jetzt diesen Reflex: Sobald ich mich mit einem fremden Menschen unterhalte, will ich im dritten Satz wissen, welchen Hund er hat, wie er heißt und warum? Ich habe die Hundeseele des Menschen erblickt, er führt sie manchmal mit sich als Tier, doch meist weilt sie in seiner eigenen Brust. Beinah hätte ich die Schalterbeamtin im Bahnhof nach ihrem Hund gefragt und auch bei der Schaffnerin lag mir die Frage schon ganz auf der Zunge. Glücklicherweise hatte die erste Frau, die wir in Jena nach dem Weg fragten, einen Hund bei sich. Es war ein junger schwarzer Labrador, der sich munter auf uns stürzte und herumtollte. Nachdem sie uns den Weg gewiesen hatte – »in Jena ist alles nah« –, fiel ich mit der Hundefrage über sie her. »Viktor heißt er!« sagte sie, und ich: »Warum denn Viktor?« und sie: »Da müssen Sie meinen Mann fragen.« Da dieser nicht vorhanden war, stiegen wir die glatten Treppen hinab und sahen bald, wie sich aus dem tiefen Schnee das Phyletische Museum erhob. Es ist das

Haus des großen Ernst Haeckel, der in Deutschland den Darwinismus verbreitete wie kein zweiter. Er war auch ein großer Weltreisender, schrieb ein Reisebuch und zeichnete mit großer Kunst, vor allem die Dinge der Natur, die ihm begegneten. Und er war ein Freund der Quallen und Radiolarien. In der Eingangshalle steht ihm zu Ehren ein Aquarium, in dem es vor Quallen nur so quillt. Hier mitten im romantisch verschneiten Jena stülpen sie sich und schweben wie transparente Wesen aus einer anderen Welt. An den Decken finden sich von Haeckel selbst gemalte Radiolarien, man hat sie, nach Jahrzehnten der Überdeckung in den 1990ern wieder freigelegt. Während sich die Evolution in mehreren Räumen ausgebreitet hat mit Schnabeltieren, Gorillas und Menschen, stellt man

im unteren Raum links einzellige Algen zur Schau. Gerade diese einfachen Lebensformen aber sind der Kunst nah. Im Biedermeier war es schöne Mode, mit Hilfe solcher Kieselalgen winzige Blumengestecke oder Tannenbäumchen zu gestalten, die nur durch das Mikroskop zu bewundern waren. Meister Floh!

Wir sind also bestens vorbereitet auf eine Ausstellung im Stadtmuseum über »Weihnachten um 1900«. Oben unterm Dach bietet Thüringen einen Blick in die Tiefe der Zeiten, auf Spielzeug und Krippe, Weihnachtsbehang aus Lauscha, das führend war und ist in den gläsernen bunten Kugeln. Um 1900 aber stellten die gehobenen Stände Bäume auf, die ganz in Weiß funkeln sollten, mit Silberbehang, Lametta und weißen Kugeln, ein Baum im Winter eben. Der erste Weihnachtsbaum scheint in einer Bäckerei in Freiburg im Breisgau im 15. Jahrhundert gestanden zu haben. Die Zunftgesellen behängten ihn mit Lebkuchen und Brezeln und anderen Spezereien und am Dreikönigstag wurde er von den Kindern geplündert. Sein Ursprung ist der Paradiesbaum aus dem mittelalterlichen Paradiesspiel. Nichts mit Erkenntnis, nur Genuß, insbesondere nach der Fastenzeit, die der Advent früher einmal war.

Den Nachmittag verbringen wir wie alljährlich bei unseren spanischen Freunden, die uns ihren Paradiesbaum hinstellen mit den schmackhaften Speisen vom Mittelmeer.

Im Schnee werden die Menschen zu Kindern, die Umzäunungen versinken, man rollt sich oder wirft mit Schneebällen, man spricht miteinander wie im Paradies. Wie heißt denn Ihr Hund, fragen wir die alte Dame, die einen Schlitten zieht. Das ist ein Rhodesian Ridgeback! Sie heißt Cassila, ein afrikanischer Name. Stammt ja aus Afrika, schon ziemlich alt. Später am Colmhügel in Liebertwolkwitz der junge Mann, der auf unsere Frage zunächst etwas verblüfft reagiert. Wie, seit wann werden hier irgendwo die Namen veröffentlicht? Ja, wie heißt er denn? Er will nicht recht rausrücken, aber dann fasst er Mut und sagt, der Hund heißt Trynn. Da gab es in Schleswig-Holstein einen Lehrer, der hat sich für die alten Sagen der Germanen interessiert und da kommt auch ein Trynn vor! Wir rutschen nach Hause, für heute lassen wir uns einschneien.

Der Name des Hundes, Teil II (Januar 2010)

BRUTUS, DER HUND VOM SCHMIED, LANGHAARIG, SCHWIE-
rig, meint sein Herrchen, eine komplizierte Familie, jetzt hat er
wohl Arthritis, immerhin 13 Jahre ist er alt. Wir fuhren mit Skiern
über die Felder von Holzhausen und Probstheida nach Stötteritz.
Ein Mann und eine Frau mit zwei Hunden. Die Frau will auf meine
zugegeben etwas plumpe und direkte Frage nach den Namen der
beiden Hunde nicht so schnell antworten. Sie schaut fragend, miß-
trauisch. Vielleicht bin ich ein Hundefänger, der nur schon mal die
Namen wissen will, um die Hunde anzulocken. Vielleicht haben
sie ein kleines Tête-à-Tête hier im Schnee und die Offenbarung
der Hundenamen liefe auf eine Offenbarung ihrer wirklichen Namen hinaus, irgendjemand würde aus dem Zusammenkommen der
beiden Hunde ihr eigenes Treffen konstruieren und schon flöge es
auf. Aber dann erfuhr ich doch, daß der braune Krümel und der
schwarze Raisha hieß. Krümel sah aus wie ein Krümel, bräunliche
Locken umwehten ihn, aber warum Raisha so hieß, wußte sie nicht.
Etwas Arabisches? fragte ich, doch sie zuckte nur die Achseln und
ging weiter. Der nächste Hund hieß Murphy, das hatte die Frau ent-
schieden, es war ihr gerade nichts Besseres eingefallen, als er ankam.
Dann marschierte ein Bobtail namens Bob vorüber.

Auf dem Rückweg begegnete uns ein Havanese, eingehüllt in
eine blaue Schutzhülle mit Reißverschluß. Die Herrin hatte keine
Probleme, mit uns zu sprechen, öffnete den Reißverschluß, um uns
zu zeigen, daß der arme Kerl zwar sehr haarig aussieht, aber kein
dichtes Unterfell hat. Deshalb friert er im Winter, aber im Sommer schwitzen tut er auch. Und wie heißt er nun? »Edmund und
zwar war er ein E-Wurf, also dachte ich, ein Name mit E wäre gut
und fand Edmund dann cool.« Gut, daß jetzt Schluß ist mit diesen
Hundenamen.

Rot, Grün und Blau (Januar 2010)

Es ist immer interessant, die Leute zu fragen, warum sie etwas tun. Meistens wissen sie es nicht genau, manche haben sehr triftige, die meisten sehr oberflächliche Gründe. Gestern waren wir in Grimma bei einer Ausstellung des Malers Harald Bauer. Auf drei Bildern hatte er die Worte *red, green* und *blue* aufgedruckt, in Englisch also, und ich fragte ihn, warum auf Englisch? Er wußte es nicht, wir diskutierten zu viert, wie sich unsere Farbvorstellungen verändern, wenn wir sie in einer anderen Sprache nennen. Zum Beispiel *blue* ist ja fast schon ein deutsches Wort geworden, hat aber einen anderen Hof (und eine andere Hofhaltung) als das Wort *blau*.

Das Seume-Haus in Grimma war geschlossen, doch sahen wir Seume auf vielen Abbildungen. Der Wanderer mit Reisesack, der Grimma berühmt machte, ist auf Schildern zu sehen, die Stationen eines historischen Stadtgangs markieren. Und doch ist es einseitig, Seume nur als den Wanderer zu sehen. Das sagt Otto Wilhelm Förster, einer der besten Seumekenner im Lande. Aber gut, lernen wir ihn ruhig erstmal als Reisenden kennen. Wir gehen hinauf ins benachbarte Dorf Hohnstädt, auf einem Hügel gelegen. Der Verleger Göschen, der Schiller und Körner empfing und Goethe druckte, hatte sich hier oben ein Haus bauen lassen, nicht weit von der romantischen Kirche. Die Frau, die das Häuschen leitet, ist engagiert und hat viele Ideen. Vieles aus Seumes Zeiten ist in den Räumen zu sehen, Porzellan, Sekretär, Pfeife, Landkarten oder Porträts. Ein Kleinod des frühen 19. Jahrhunderts. Ja, und zelten darf man im englischen Park, der zum Haus gehört und einen schönen Blick auf Grimma freigibt. Im Sommer werden wir wiederkommen!

Kettensäge und Kugelblitz (Februar 2010)

Schandschnabel und Spitzmaul ziehen maulend und schnäbelnd in die noch immer weiße Wildnis. Denn Schnee und Eis sind klare Boten der Wildnis, das nördliche Gegenstück zum Regenwald. Nach dem langen Winter können wir uns kaum noch die Farbe Grün vorstellen und ich war fast zwei Monate nicht mehr auf dem Fahrrad. Am Dorfteich stellen wir entsetzt fest, daß ein großes Bauernhaus verschwunden ist, ratzekahl weggeputzt. Einzig eine dekorative Steinvase steht im Schnee, daneben ein quadratisches Loch, mit dem ein neuer Stoß des Lebens, will sagen Bauens, begonnen wird. Noch vor vier Wochen hatten wir mit den bayrischen Dorfbewohnern dort gestanden und über eine Renovierung spekuliert. Der Konfirmand in der Lausitz, dort wo jetzt die schwedische Firma Vattenfall ganze Dörfer für die Braunkohle wegschaufelt, hatte auf die Frage, was er denn werden wolle, geantwortet: Ich werde zu Vattenfall gehen. Daraufhin warf der Pfarrer ein, aber dann mußt du doch dein eigenes Haus wegschaufeln, aber der Junge sagte, nein, das macht nichts, ich krieg doch ein neues. So möchte man das Alte erhalten, aber das Neue ermöglichen, und irgendwann, wenn dieser Widerspruch nicht mehr zu halten ist, greift der Tod ein.

Wir gehen hinauf in den Teil des Dorfes, der nach Vögeln benannt wurde, und den Specht hören wir dort den Straßennamen klopfen. In weiten hohen Bäumen läßt er seine hohlen Klänge ertönen. Wir wollen nur ein Kochbuch zurückgeben. Es enthält für jedes Rezept interessante sächsische Geschichten. Das Kochen und das Geschichtenerzählen gehören zu den ältesten menschlichen Tätigkeiten, sie hängen zusammen, sie begleiten sich oder lösen einander ab, aber sie stehen in einem und denselben Kontext: Der Mensch führt sich Energie zu, geistig wie körperlich. Aber leider sind die Besitzer des Kochbuchs ausgeflogen. Wir kommen an der westsächsischen Wetterstation vorbei, wo sich die Aussagen des Tages vergleichen lassen mit dem, was wirklich um einen herum passiert. Kein Niederschlag heute, heißt es wohlgemut, doch die ersten Flocken streifen die Stirn. Für Angler werden Beißindexe bereitgestellt, die man auch per Anglerfax abrufen kann. Beißindex heißt, wie hoch die Wahrscheinlichkeit heute ist, daß Barsch, Forelle oder Blei anbeißen. Der Angler notiert es mit Vergnügen, denn ist so ein Beißindex nicht alles, was er von der Welt wissen will? Ach, könnte man doch von allem, was einen bewegt, solche Indexe aufstellen! Einen Kochindex, einen Fußgängergeschwindigkeitsindex, einen Geistesindex für Zuckelhausen. Einen Index, der verrät, wer hier die meisten Bücher wegwirft. Und hätte man nicht auch gerne jeden Morgen einen Beißindex am Kühlschrank hängen?

Im Gartenverein »Am Kärrnerweg« glimmt ein einsames Licht, es ist die bekannte Kneipe neben der Vogelschutzlehrschwarte, nein Vogelwehrlutzscharte, nein.

Die Kellnerin lädt uns zum Schlachtfest ein, am 20. März, da wird es Tanz und Unterhaltung und vor allem das frische Schlachtbüffet geben, da sollte man sich tunlichst bald anmelden, und für Silvester ist es schon fast zu spät. Am Nachbartisch sitzen vier alte Krauter, die über vergangene Zeiten schwadronieren: Ja, ich glaub schon, das will ich euch mal sagen, das ist meine Überzeugung, ich denk jedenfalls, ich hab am Ende die Kurve noch gekriegt! Natürlich hab ich Scheiß gebaut, wie ihr alle, meistens wußten wir ja nicht, daß wir Scheiß gebaut haben. Dann erhebt sich der erste, er hat ein knallrotes Gesicht, er schaut etwas verschämt um sich, und als er geht, rufen sie: Und gleich am Bahnhof mußt du dir einen Kurschatten schnappen. Er geht in eine Schattenwelt, soll damit gesagt sein, paß auf an der Station, sei wachsam! Dann geht der nächste und klopft uns auf den Tisch, und nur noch zwei sind da, einer mit zwei breit auseinanderstehenden Zähnen im Unterkiefer, der andere, klein mit einem spitzen Bauch, das ist der Paul. Paul, hör mal her, sagt der mit den Zähnen, der schon alt ist, ich muß mit dir mal was bereden. Der andere ist ganz Ohr. Du weißt ja, ich bin auch nicht mehr der Jüngste und wer weiß, was ist, wenn ich mal also nicht mehr bin oder sonst was, also kurz und gut, da ist etwas. Ich hab nämlich so eine Kettensäge, das ist noch ein echter Benziner, und bevor ich die in den Container schmeiße, wollte ich sie jemandem geben, der das also sozusagen irgendwie in Ehren hält, so'ne Kettensäge, weißt du, Kettensäge! Paul, der ganz Ohr ist, bewegt keine Miene. Kettensäge, raunt der andere, na, du weißt doch, dem Helmut kann ich sie nicht geben, der ist doch ganz woanders, und den Wolfgang kannste ganz vergessen, der ist doch nur mit seiner Modelleisenbahn und so. Aber du, du, Paul, du bist, ich will mal so sagen, der Richtige für meine Kettensäge. Du kannst sie Tag und Nacht bei mir abholen, brauchst dich nicht mal vorher anmelden, die liegt immer bereit für dich. Und wenn du sie eines Tages loswerden willst, tu es, tu es, sag ich dir, nur mir mußt du es nicht sagen und vielleicht bin ich ja sowieso sonstwo zugange. Na klar, ich könnte sie ja jederzeit in den Container schmeißen, aber da dachte ich, da ist doch noch der Paul.

Ich denke an meinen Zuckelhauser Stammtisch, wo auch die Mäuler reden wie sie gewachsen sind oder gar nicht erst reden. Der kleine Alte in der Lederjacke schwieg mit geschlossenen Augen vor sich hin, während es um ihn herum hoch herging. Dann kam die Rede auf GmbH und ähnliche rechtliche Dinge beim Firmengründen – da zuckte er plötzlich auf, wurde wach wie eine Manschette und gab laut ein Wort von sich: Limi Ted!, um gleich darauf wieder in einen seligen Stammtischschlummer zu versinken.

Auf dem Tisch liegt die Zeitung des Stadtverbandes der Kleingärtner, der *Leipziger Gartenfreund*. Das ist Lektüre, die Verdauung fördert und Entspannung und dabei doch Visionen vermittelt. Wo sonst gibt es noch Visionen in unserer Gesellschaft? Das Wort Gartenfreund etwa ist grün gedruckt und das tut gut in dieser ewigen Schneezeit (seit acht Wochen liegt Sachsen in einer Tiefkühltruhe). Das Grün evoziert warme Sommerwiesen und fächelnde Pappeln, es ist die heilige Farbe des Islam und aller Fruchtbarkeitskulte. Zum 20. Mal nimmt der Stadtverband an der Haus-Garten-Freizeit-Messe teil, verrät die Schlagzeile. Inseriert wird vor allem von musikalischen Unterhaltern, die nicht nur einen Musikmix anbieten, sondern auch souverän Deutsch und Englisch mixen (»Günter's-Live-Musik«). Günter spielt auch ohne Strom mit Akkordeon und Gesang und bedient Sommerfeste, Frühschoppen und Lampion-umzüge. Monic und Steffen sind mit Oldies und Countries und bekannten Schlagermelodien mit von der Partie. »Heli's Musike« ist auch als Discothek buchbar. Die Krone geht an Mario mit seiner *diskothek* mobil, der ein weltmeisterliches Programm mit Anima-tion, Spiel und Musik bringt. Das Werbefoto zeigt ihn mit einer Plastiksonne im Arm, an der er vermutlich seine bauchrednerischen Fähigkeiten demonstriert. Für Junge und Junggebliebene. Für die Altgebliebenen empfehlen wir Dach- und Baumfällarbeitsinserate und das Bohren von Gartenbrunnen: »Unser Bohrgerät paßt si-cher auch durch Ihre Gartentür!« Unerschöpflich ist die Lektüre (Pflanzenerziehung, Heilpflanzen, Sicherste Kleingartenanlage, Adventsfest im Kleingartenverein »Nachtigall«) und überhaupt erfreuen viele Anführungszeichen das Auge. Sie schwirren durch die gärtnerischen Texte wie Glühwürmchen an einem Sommer-abend im Schrebergarten, wie Saatkörner im Wind. Das Anfüh-rungszeichen ist gesamtgesellschaftlich gesehen vermutlich auf dem Rückzug. Es signalisiert ja den Unterschied von eigentlich und un-eigentlich, von Sein und Schein. Dieser Unterschied ist leider heut-zutage kaum noch zu erkennen. Die Presse kennt ihn nicht, wenn sie statt »anscheinend« immer nur noch »scheinbar« schreibt, die Nichtdarstellerin Paris Hilton ist berühmter als die Darsteller von Etwas und diese sind wiederum berühmter als dieses Etwas. Doch im deutschen Schrebergarten gibt es noch diese feinen Unterschie-de und sie werden mit Hilfe von Anführungszeichen kenntlich ge-macht. Wenn eine Kolonie »Völkerfreundschaft« heißt, bedeutet das nicht, daß sie nicht auch Ausländer rausschmeißen kann, und die Siedlung »Friede, Freude, Eierkuchen« darf auch rabiat mit Steinen um sich werfen oder Finanzberater als Geisel nehmen. Die-se Freiheit erlauben die Gänsefüßchen, solange sie nicht zu Gänsen gehören, die Grundstücke zertrampeln oder Geranien fressen.

Genug des Spottes. Solche kleinbürgerlichen Utopien sind wi-derständig, sie folgen keinem blöden Trend oder Moden. Der Bürger hat sich ein Refugium gegenüber den Ansprüchen und sinnlosen, lebenswidrigen Forderungen der Gesellschaft geschaffen. Er entzieht sich der Bürokratie allerdings um den Preis, daß er sich seine eigene auferlegt. So sind beide Gesellschaftsformen – die alltägliche und die sonntägliche des Gartens – sich doch sehr ähnlich.

Manchmal jedoch wird die Idylle jäh durchkreuzt und andere Welten leuchten auf. So geschehen im letzten Sommer, als ein Kugelblitz durch den KGV »Volksgesundung« schwebte. Der Kleingärtner J. S. berichtet exklusiv im Gartenfreund, wie man eines warmen Sommertags bei einem Gewitter unter der überdachten Terrasse gemütlich auf den nächsten Blitz wartete, um die Entfernung zu berechnen: »Das sollte sich aber bald erledigen. Blitz und Donner kamen im selben Moment und mächtig laut aus Richtung unseres Vereinshauses. Wir fuhren zusammen, obwohl wir etwa 100 Meter entfernt waren. Gleichzeitig sahen wir direkt vor uns im Beet eine sonnenhell leuchtende Kugel von ca. 10 Zentimeter Durchmesser. Sie schwebte langsam, ähnlich einer großen Seifenblase mit elastischer Hülle, dicht über dem Boden auf die erste Plattenreihe unserer Terrasse zu. Sie gelangte durch ein kleines Stabgitter und überwand einen am Boden liegenden Zaunriegel. Danach sank sie, nur einen Meter vom sprachlosen und gebannten ›Publikum‹ entfernt, auf die nächste regennasse Bodenplatte, zersprang mit lautem Knall und war spurlos verschwunden. Der Schreckensschrei unserer Besucher, die sich zugleich freuten, daß ihnen nichts passiert war, wurde von den Gartenfreunden der umliegenden Parzellen sehr deutlich vernommen ... Die Gäste der Vereinsgaststätte fielen fast in Ohnmacht, sind aber mit dem Schrecken davongekommen.«

•¦•

Familientag (Ostermontag 2010)

NACH DIESEM LANGEN UND KALTEN WINTER BESCHLOSSEN wir, uns stärker mit Käse zu befassen. Vor kurzem lernten wir die Käseprophetin kennen, eine durchweg überzeugende Frau, die ihre Religion ganz ohne Fundamentalismus vortrug. Daß alles Käse sei, war uns schon bekannt gewesen, doch sie brachte die Dinge auf den Punkt. In ihrer Rede selbst erkannten wir die Vorzüge, die der Käse genoß und die er seinen Verehrern mitteilt: Klarheit, Durchlässigkeit und Würze des Denkens. Wir gingen befriedigt mit den Fragebögen nach Hause, die jeder künftige Adept auszufüllen hat, bevor er weitere Stufen in der Religion erklimmen kann. Nicht nur morgens, sondern bei jeder Gelegenheit, bei der Käse in welcher Form auch immer zur Erscheinung gelangte, nahmen wir uns einige Minuten Zeit, um über unseren Käseverzehr Rechenschaft abzulegen. Welche Sorte, wie lange und wo, wo wir sie erworben hatten und wer sie mit uns teilen würde, ob wir sie mit Süßem, Wurst oder Schinken kombinierten oder sie in aller Reinheit für sich zu uns nahmen und welchen anderen Tätigkeiten wir uns während des Verzehrs hingaben, all das wurde fleißig und gewissenhaft eingetragen, schön aufgeschlüsselt von 01 bis 15 und zurück, denn nur so hat der Käse eine wirkliche Beschaffenheit. Nach wenigen Tagen schon fühlten wir uns zu einem höheren Käsebewußtsein heranreifen und wir sind stolz, sagen zu können, daß unsere Ausdünstungen Schritt hielten mit dieser inneren Höherentwicklung.

Und so begaben wir uns an diesem Ostermontag auf die von der Prophetin organisierte Pilgerfahrt, auf der wir über die Geheimnisse des Käses weitere Aufschlüsse erhalten sollten. Die Zugehörigkeit zu dieser Religion erwies sich als äußerst lebensnah. Die Züge waren voll gestopft mit Pilgern vieler Kulte, doch wir erhielten ohne besondere Anstrengung ein paar Vierersitze nur für uns. Sobald wir den Wagen betraten, erhob sich eine Menge Fahrgäste und machte eine betretene Miene. Wir fuhren bald aus der Stadt heraus. Plötzlich stand die Prophetin auf und rief: Seht her, links, dort ist der Mutterbau unserer Religion! In großen Lettern stand auf dem Dach das Wort *Käserei L.* geschrieben. Ehrerbietig erhoben wir uns, während die Mitglieder der Parcours-Religion auf den Kopfstützen der Sitze niedersanken.

Ja, wir sollten erwähnen, daß auch diese Religion unter uns vertreten war. Wir hatten erkannt, daß eine einzige Religion nicht ausreichte, daß zuviel Käse schwindlig macht, und deshalb hatten wir Angehörige einer weiteren Religionsgemeinschaft mit auf die Pilgerfahrt genommen. Es waren drei – ein Junge und zwei Mädchen –, die sich dem Studium des Parcours ergeben hatten. A. war ein schlaksiger Springer, er ließ keine Bank aus, kein Baum war ihm zuwider, die Sitze der Bahn, die Schlaufen und Stangen ein gefundenes Fressen. Jeder Blick aus dem Fenster taxierte die Landschaft nach ihren Möglichkeiten, übersprungen, beherzt erklommen zu werden und den Füßen Halt, den Händen Griff zu bieten. Die Landschaft war nichts als ein von Bürgern und Touristen missverstandenes Trampolin. Die beiden Mädchen waren allerdings eingeklemmt, als der Zug auf der Wiese von Leißling zu halten kam, sie hatten sich bei ihren Turnübungen eingesperrt und mußten gewaltsam von sieben weiteren Expeditionsmitgliedern befreit werden. Nun also in der Hochburg der Mineralwasserbrunnen. Jeder kennt Leißling von Rewe her, aber niemand hat das Original gesehen. Dazu waren wir aufgebrochen. Und tatsächlich, obwohl der Ort still und bescheiden vor sich hindämmerte und an der Gaststätte »Thüringer Tor« sich wenig tat, plätscherte und sprudelte es aus den Felsen heraus, Sedimentgestein, das unser Wasser so kräftig mit Mineralien anreicherte wie ein Käse sie haben sollte. Wir zogen über einsame, Hochebenen, auf denen es aus Hügeln summte, sahen in der Ferne die Goseck winken, den berühmten Milan, der uns umkreiste mit unseren Fragebögen, die wir selbstverständlich mit uns führten.

Im schönen Schönburg, einem frisch restaurierten Dorf zwischen Sedimenten, fanden wir einen Brunnen mit lyrischer Tafel:

Klatschbrunnen seit 1400.
Hier wuschen einst die Recken Hosen,
Jetzt wachsen hier die Heckenrosen.

Sängerlinde, gepflanzt 1957 zum 100jährigen Bestehen des Chores Harmonie.

Wir erreichten die Schloßruine Schönburg, sicherlich aus dem 12. Jahrhundert, und packten im kalten Wind unsere dick mit Käse belegten Brote aus. Allerdings war auch ein Anhänger der Bratwurstreligion unter uns. Wir vertrugen uns dennoch. Nach dem Verzehr widmeten wir uns in aller Ruhe den Fragebögen. Alles ließ sich leicht ausfüllen, nur eins machte uns stutzig. Unter Punkt D11 wurde nach dem Ort der Nahrungsaufnahme gefragt. Doch leider fand sich unsere Lokalität nicht auf der Liste geforderter, erwünschter oder auch nur möglicher Orte. Eine Burgruine ist wahrscheinlich kein Zuhause, am Tisch sitzend (1), auch kein Zuhause, aber nicht am Tisch, sondern auf dem Sofa sitzend (2), vermutlich kein Büro (3), hoffentlich keine Schule (4), aber vielleicht eine Freizeiteinrichtung (6 oder 7). Nun aber die Frage, ob die Freizeiteinrichtung drinnen, z. B. im Kino (6) oder draußen, z. B. im Park (7) liegt. Es war ja windig, das deutete auf draußen (6). Rein draußen (7) nun auch wieder nicht. So ließen wir diesen schwierigen Punkt erstmal offen und wendeten uns der Frage D13, nämlich der Hauptaktivität während des Essens, zu. Da kein Punkt recht passen wollte (Lernen 1, Zusammensein mit Freunden 4, Einkaufen gehen 6), einigten wir uns auf Telefonieren (5). Wobei zu bemerken ist, daß ein Teil der Wandergruppe schon wieder an Türmen und Ästen hing und sich von Zinne zu Zinne schwang, allen Fragebögen zum Hohn. Ich will nicht die weiteren, gleichfalls problematischen Punkte kommentieren, sondern notiere lieber die Lektüre, die unsere Nahrungsaufnahme begleitete. Die Burgwand war mit Tafeln versehen, auf denen einzelner Persönlichkeiten gedacht wurde.

Das sind die eigentlichen Gedichte dieser Welt. Sie verkünden erstens, um welche Persönlichkeit es sich handelt, geben ihr einen Namen und versehen diesen mit einer Folge von Zahlen, die durch Sternchen und Kreuze unterbrochen werden. Ich stelle mir einen Maya-Gelehrten vor, der in 1000 Jahren die überwucherten Reste unserer Zivilisation findet und sich Gedanken über diese immer wiederkehrenden Muster macht. Er wird vielleicht zuerst an Götter und Gedichte denken, später wird er sich seiner Sterblichkeit und der aller Menschen erinnern. Auf der Mauer der Schönburg hängen nebeneinander drei Tafeln.

Begründer der Schönburgfeste
Hartwig Stützer *29. 10. 1924 † 4. 10. 2002
Ein Sohn der Gemeinde Schönburg
Albert Pförtzsch *27. 5. 1899 † 30. 12. 1967
Oberlehrer Herbert Hummel *26. 2. 1902 † 15. 3. 1970
Komponist des Schönburgliedes

Wie viele verwirklichen sich nicht in ihrer Zeit! Und das muß reichen, sie wissen es, sie tun es, sie sinds zufrieden. Dichter, Künstler oder Architekten schaffen dagegen Dinge, mit denen sie über ihre Zeit hinausgehen wollen, welch eitles Unterfangen. Auch sie liegen dem Weltall nur auf der Tasche.

Die Schönburggegend war schon um 700 slawisch besiedelt und auf dem Hügel, von dem man weit ins Land schaut, war eine Wehranlage, bevor Heinrich I. hier eine Grenz- und Fliehburg errichten ließ. Im zwölften Jahrhundert baute man hier Wein an, ein Hinweis auf wärmere Zeiten, bevor die nächste kleine Eiszeit begann. Im sächsischen Bruderkrieg wurde die Burg zerstört. Der begann 1446, im selben Jahr, als sich Österreicher und Schweizer bekriegten, Zeiten waren das. Ruinen haben den Vorteil, daß sie für andere Bauten nutzbar sind, und die Bauern machten sich an die Steine. Interessant wurde Schönburg wieder, als Meißen seine Porzellanmanufaktur begann. In der Schönburger Gegend fand man nämlich Kaolin, die weiße Tonerde, die für das Porzellan benötigt wird. 1952 feierte man das erste Schönburgfest. Drei Jahre später traten Trachtengruppen aus ganz Deutschland auf und sangen: »Ob Bayern, Sachsen, Ostseestrand, wir kennen nur ein Vaterland.« Im Jahre 1970 erhielt der Dorfclub Schönburg eine Urkunde für hervorragende Ergebnisse im Leistungsvergleich der Klubs und Kulturhäuser.

1860 wanderte der 16jährige Schüler Friedrich Nietzsche mit zwei Freunden von Schulpforta auf die Schönburg und sie beschworen dort den Bund »Germania«. Man wollte sich von nun an regelmäßig seine Dichtungen oder musikalischen Produktionen austauschen und darüber in freundschaftlicher Kritik disputieren. Hätte es damals das Internet gegeben, so hätte man auf Burgen, Bünde und Germania verzichten können. Ein gemeinsames Paßwort hätte genügt. Das zeigt auch, wie wenig Romantik noch ist. Aber Germania? Wer das Wort heute gugelt, erhält den Hinweis auf eine Fluggesellschaft sowie auf Hitlers Traum von einer Welthauptstadt. Am Ende lebte Nietzsche allein in seiner Germania. Monatelang lieferte er als einziger Texte und so versank nach drei Jahren diese Welthauptstadt der drei Kreativen.

Am Nachmittag erreichten wir Naumburg, eine beschauliche Stadt, in der Nietzsche wahnsinnig war und dessen Dom sich in besonderer Weise für Parcours-Tätigkeiten empfiehlt. Erst vor kurzem erfuhr ich, warum Uta so streng aussieht und Reglindis neben ihr so fröhlich. Reglindis war Polin und Europa ist ein löchriger Käse.

Meißen und Miltitz im Mai (2010)

Auf dem Augustusplatz stehen Jeeps und militärische Geländewagen. Es riecht nach Benzin. Wir lassen uns sagen, daß der Elbe-Tag in Torgau bevorsteht, 65 Jahre sind es seit der Befreiung, und nun reist die russisch-amerikanische Kolonne über Leipzig zur Elbe.

Wir sind aber auf dem Weg nach Meißen, diesmal scheint die Sonne auf eine knusprige Landschaft, die sich gerade in die Höhen des Frühlings erhebt. Was ist so anders an der Klangwelt des Morgens? Jeder Ton hat etwas Präzises, jede Stimme gräbt sich aus einem Block heraus und steht vereinzelt im Raum. Die Henne scharrt im Nest. Wir sitzen auf dem schrägen Marktplatz, von dem die Tische und die Stühle herabzurutschen scheinen und nur mühsam stemmen sich die Menschen dagegen. Gegen solches Abgleiten hilft nur Wein und nochmals Wein. Wie träumt diese mittelalterliche Stadt vor sich hin, ein verwinkeltes Märchen. Wenn man von oben auf die Dächer schaut, so tut sich ein kubistisches Kunstwerk auf aus verschobenen Flächen und rot-braunen Rauten. Ein göttliches Kind hat hier Geometrie gespielt, über die die Elbe, die Brücke und die Autos hinweghuschen. Wir besprechen eine mögliche Tagung für den November 2011, es soll um Melancholie gehen, doch uns ist zurzeit gar nicht melancholisch zumute. Die Stare üben gerade die neuesten Handytöne, die Meisen schweifen von Ast zu Ast, Kirsche, Pflaume und Forsythie stehen in Blüte. Ist es nicht herrlich, aus so einem Burgfenster in das Elbetal zu schauen? Die Sachsen machen sich am Sonntagmorgen zu einem Wandertag bereit, grau-beige gekleidete Grüppchen ziehen stramm über die Elbebrücke, das ist immer noch der Deutschen straffe Wanderlust. Wir sind auf der Rückfahrt und haben noch Zeit, eine Wanderung einzulegen, doch wohin? Auf die Weinberge, zur Moritzburg? Aber Leipzigs Gravitation macht sich schon bemerkbar, wir besteigen den Zug in Richtung Heimat und lassen offen, wo wir möglicherweise aussteigen. Vielleicht Döbeln oder Nossen, dessen Burg wir auf der Hinfahrt zum ersten Mal gesehen hatten, als sei sie erst vor kurzem erschaffen worden in einem Burgentraum. Es geht an der Triebisch entlang, einem Elbezufluß, und hier wurde auch der Porzellanmanufaktur zugearbeitet, an diesem kleinen Flüsschen in einem verkannten Tal. Roitzschen? Triebisch sinse hier! Umtriebisch! Wir steigen aus, ganz plötzlich, mir kam nämlich eine Erinnerung. Letzten Sommer hat mir Ulrike, wir waren in Lissabon, zum Geburtstag ein kleines Heft geschenkt. Sie hatte es in Meißen gefunden, in einem Antiquariat – Monica von Miltitz: *Ein Ausschnitt aus meinem Leben*. Der Weg zur Anthroposophie. Das sind solche Fundstücke, die aus dem Nichts zu kommen scheinen, Strandgut, Trouvaillen. Man hat das Gefühl, sie werden Verbindungen aufbauen, weil sie zu unsichtbaren Myzelen gehören. Ja, es sind Pilze, darauf deutet ihre Herkunft aus abgelegenen Behausungen und überwachsenen Büchertischen, auf denen Pickelhauben thronen. Jedenfalls las ich dies merkwürdige und rührende Heftchen in der portugiesischen Hafenstadt, die von Pessoa geheiligt wird, dem Dichter der flüssigen Identitäten. Monica beschreibt ihren Werdegang in einem Schloß bei Meißen, ihre Annäherung an die Anthroposophie, die Vortragsreihen und Seminare, die sie dort organisierte. Das Haus muß ein wunderbarer und wundersamer Ort gewesen, besucht von Wandervögeln mit Flöten und Fiedeln, von Kindern und mythologischen Vereinen. Man tanzte barfuß im Tau und führte Siegfrieds Tod auf. Novalis war der heimliche Patron des Hauses. Berühmte Anthroposophen kamen in den 1920ern, Dichterlesungen wurden veranstaltet und man bewegte sich eurythmisch. Der berühmte anthroposophische Dichter Albert Steffen kam ebenfalls eines Tages und berichtete, er habe, als er sich dem Schlosse näherte, eine Wolke von Engelsköpfen darüber gesehen »wie auf dem Bild der sixtinischen Madonna«. Die schöne Zeit ging mit den Nazis zuende. Später kamen die Russen, das war zuerst grauslich für Monica. Doch dann hatte sie ein Erlebnis. Sie schlief auf einem Haufen von Pelzen, die die Russen aus einer Mottenkiste gezogen hatten, um sie der Frau des Verwalters zu geben. Um fünf Uhr wachte Monica auf und hatte ein Gefühl der Erneuerung: »Ich erlebte zum ersten Mal das Ätherische in mir.«

Und unter den Russen waren kultivierte Leute. Durch sie erfuhr sie etwa, daß schon Dostojewski in ihrem Schloß gewesen war. Monica von Miltitz, die sich auch um die angebliche Zarentochter Anastasia kümmerte (nein, sie war es aber nicht, die Genetik hat ihr Urteil gesprochen), gelangte später ins schwäbische Unterlengenhardt. Ihre Memoiren schließt sie mit einer Erinnerung an ihr Schulzeugnis, in dem stand: »Monica ist zu verträumt gewesen, sie hätte mehr leisten können.«

So stehen wir nach einigem Suchen im Wald, nach Begehen des Diebsgrunds und der Grube zum Freundlichen Bergmann, nach Auelehm und Bachgerölle mit Andalusitglimmerschiefer und der Roitzschmühle in Miltitz vor dem Rittergut. 1551 hatte Miltitz 19 Einwohner, 1855 waren es 401. 1950 erreichte der Ort die höchste Einwohnerzahl: 675. 2006 lebten hier 516 Miltitzer. Das Rittergut

MEISSEN

ist teilweise bewohnt, wir beschnüffeln die Eingänge, die in gotische Hallengewölbe führen, die blinden Fenster auf blinde Ställe, in denen blinde Pferde stampfen und es nur noch historisch widerhallt, den bunten Garten, wo niemand etwas weiß von einer Monica von Miltitz, dann die Frage an den älteren Mann an der Mülltonne, doch der weiß nur, wie er selbst in den 1960ern hier einzog, in die umgebauten Stallungen nämlich, mit einigen Familien, die bis heute ihre wie Zungen in der Sonne hängenden Vorgärten pflegen. Gleich daneben die wehrhafte Kirche, ursprünglich aus dem 12. Jahrhundert, im 18. Jahrhundert neu erbaut, mit einem Turm von 28 Metern. Ein nüchternes protestantisches Innen, welches an die Kirche von Nietzsches Vater in Röcken erinnert. An der Wand die Grabplatten derer von Miltitz und am Turm ein Denkmal, das den drei Miltitz-Schwestern gewidmet ist, die binnen kurzem an der Pest starben. Wir klettern den Turm hinauf, durch das Balkengerüst an den Glocken vorbei, und klar, sie müssen in dieser Sekunde ein Uhr schlagen, es geht wie ein tiefer Schlag ins Sonnengeflecht, und oben sind wir angelangt, doch das Fenster ist blind vor Taubenscheiße und Fliegen. Wer die Landschaft sehen will, darf nicht zu hoch steigen.

Auf dem Friedhof ist keine Monica von Miltitz zu finden, aber ein Grabmal, das an 17 KZ-Häftlinge erinnert, die kurz vor der Befreiung im Lager Miltitz ermordet wurden. Es waren Russen und Polen. Neben dem Friedhof ein bunkerartiges Gebilde, ich stelle mir vor, wie der Krieg hier zu Ende ging.

•|•

Der Bratwurstkönig
und der falsche Bischof (1. Mai 2010)

Das Motto des heutigen Tages sei dieses: Ohne Bratwurst geht es nicht, sie bringt ein Lächeln ins Gesicht. Ich wohne in Holzhausen, einem Vorort von Leipzig, vor gut zehn Jahren eingemeindet von der Stadt. Aber das täuscht. Es gibt eine verschworene Gemeinschaft von Ortschaften in Deutschland, die Holzhausen heißen. Es sollen 96 sein. Eines Tages, so lautet eines meiner vielen unverwirklichbaren Projekte, werde ich mit dem Fahrrad alle 96 Ortschaften dieses Namens aufsuchen und Protokoll führen: über die Eß- und Schlafgewohnheiten, die Exzentrizitäten und Spießereien, über die Namen ihrer Hunde und ihrer Friseurläden. Es wird dann eine untergründige Nation wie Atlantis aufsteigen und vielleicht werden sie einmal einen Staat im Staate bilden, ein loses Netzwerk von befreundeten Kommunen und dieses Modell wird ein Vorbild werden für ähnliche Netzwerke. Nein, ehrlich gesagt reichen mir zwei bis drei Holzhausen und einen Staat möchte man mit ihnen nicht unbedingt machen. Heute also fahren wir von Holzhausen nach Holzhausen. Ich darf den Leiter unseres Heimatvereins und seine Frau begleiten; sie wollen den Besuch des Thüringer Bratwurstkönigs im Leipziger Holzhausen vorbereiten, und da er heute mit Gefolge auf dem Bratwurstfest im anderen Holzhausen auftritt, ist das eine gute Gelegenheit, die technischen und diplomatischen Schritte zu besprechen, die für einen gelungenen Besuch seiner Majestät notwendig sind. Klar, es gibt auch Feinabsprachen in den einzelnen Bratwurstministerien zu machen, die Küche ist zu erproben, das Bier und die Thüringer Psyche. Also auf zu den Drei Gleichen, zur Wachsenburg, unterhalb derer sich jenes Bratwurstnest verbirgt.

Es ist ein schönes, wohlgeordnetes Holzhausen, wir sind mitten in Deutschland, so aufgeräumt und sauber ist es, so schön saniert und an den Hängen der Burg gelegen. Die Hausgärten sind wohlgemute Spiegelbilder der Seele ihrer Besitzer: Dick und Doof stehen zwischen Solarkristallen, die nachts die künstlichen Blumen erleuchten. Der Spießer hat schon längst seinen Frieden mit dem Umweltschutz gemacht, wer trennt denn den Müll besser als er, wer verfolgt ingrimmiger den Wegwerfer von Papier? Sanft wird der Besucher zum eigentlichen Thema des Dorfes hingeführt, denn man kommt an einem Plastikschwein vorbei, das auf einem Schild ruft: Eßt mehr Obst! Bald sehen wir die Bratwurstianer, es brodelt und trudelt, Wagen und Zelte sind aufgestellt, Wachposten und die ersten Gestalten mit Kappen, auf denen Bratwürste aufgenäht sind, stehen am Tresen. Im Bratwurstmuseum geht es hoch her, Gruppen werden durch die historischen Stationen der Bratwurst geleitet. Aber nicht ohne Humor: Die Bratwurst hat ihren festen Platz nicht nur in den Küchen und Herzen der Menschen, viele Dichter und Künstler setzten ihr Denkmäler. Man ist sich der Bratwursthaftigkeit des Daseins durchaus bewußt und so reden die Leute miteinander immer leicht zwinkernd. Da verändern die Bratwurstkappen ihr Angesicht und man ist unversehens der Versuchung ausgesetzt, sich eine anzuschaffen. Aber es wird schwierig werden, mit einer solchen fettigen Konstruktion auf dem Kopf durch Leipzig zu wandern. In Holzhausen/Thüringen wüßte jeder Bescheid, in Leipzig würde man als Verirrter betrachtet, erst recht, wenn man diese Kopfbekleidung in der Universität tragen würde. Ich könnte meine Seminare gleich ausfallen lassen. Trotz Internet und Pluralismus gibt es immer noch gewisse Grenzen, aber man sollte sie ruhig einmal ausloten.

Die Bratwurst, sagen die Thüringer, wurde in dieser Gegend erfunden und zwar im Jahre 1404, jedenfalls wurde sie damals zum ersten Mal dokumentiert. Wieviele namenlose Bratwürste schon zuvor durch Gaumen und Daumen gingen, wer will es ermessen. Schwer vorzustellen, daß die Nibelungen ohne Bratwürste auskamen. Die älteste Bratwurstküche der Welt zu sein, beansprucht wiederum ein fränkisches Lokal, Zum Gulden Stern in Nürnberg, wo seit 1419 gebrutzelt wurde. Eine erste Wurstologia et Durstologia verfasste ein gewisser Marcus Knackwurst im Jahre 1662. Anfang des 20. Jahrhunderts kostete eine Bratwurst den Wochenlohn eines Arbeiters. Das Museum verrät uns auch: Die fränkische Bratwurst hat 50 % Fett, die Nürnberger 31 % und die Thüringer 25 %. Wo ein Bratwurstkönig ist, da ist auch eine Bratwurstbotschafterin, die die gute Nachricht in alle Welt verteilt. Die Freunde der Thüringer Bratwurst e. V. gibt es mittlerweile rund um den Globus, auch eine chinesische Wurstfabrik soll Mitglied sein. Selbst im Bereich des Aphorismus ist die Bratwurst erfolgreich. Man kann dies im Museum nachlesen: Ein Leben ohne Bratwurst ist möglich, aber sinnlos. Die Würde der Bratwurst ist unantastbar. Überhaupt kann man im Laden die Bratwurst in allen literarischen, künstlerischen und handwerklichen Formen erwerben, sei es als wurstförmige Schnapsflasche, als Marzipan, Fahne, Uhr oder Baumschmuck: Mir graut vor dem Weihnachtsfest. Die Imbißtische sind alle liebevoll benannt: Hans Wurst, Gretel Grill und Rudi Rost lassen grüßen.

In Thüringen werden jährlich 36 Tonnen Bratwürste gegessen, das sind pro Einwohner nur 84. Zu wenig, um wie eine Bratwurst auszusehen, aber genug, um sich gelegentlich wie eine zu bewegen. Beeindruckend fand ich im Museum die Stammtafel der Fleischrassen, als Baum gemalt wie sonst nur Menschen- oder Sprachenbäume. In der Klinik von Sonneberg soll seit einiger Zeit freitags nur noch Bratwurst ausgegeben werden. Seither seien die Heilerfolge sprunghaft angestiegen.

Dann geht es endlich durch das Tor mit dem Schild *Bratwurstwörld* auf die Festwiese. Der Bratwurstkönig von Thüringen, Andreas I., steht mit einigen Bratwurstknappen in ernstem Gespräch, denn jetzt geht es um die Wurst. Im Festzelt entscheidet sich unter einer vom König geleiteten Jury, wer das beste Lied auf die Bratwurst singen kann. Da ich mir geschworen habe, niemandem davon zu erzählen, schleiche ich mich mit den Massen ein und genieße die ersten Songs recht unbeschwert. Allerdings stellen sich bei der dritten Hymne auf die Bratwurst erste Verdauungsprobleme ein. Immerhin erfährt man, wie man von der gefährlichen Sucht nach Thüringer Bratwürsten loskommt: Man solle eine norddeutsche

Bratwurst essen. Auch gewisse Reime prägen sich für immer ein: »Mach mit Thüringen Bekanntschaft/, denn die Gegend paßt so gut in die Landschaft.« Die Wettsänger kommen aus allen Teilen Thüringens, aber auch aus Rotenburg an der Wümme (das liegt bei Bremen und hat eine Skulptur, die ähnlich wortmalerisch lautet wie der Sänger vorgeht: »Paar-oh-die«. Derselbe Bildhauer ist auch verantwortlich für die größte Pferdeskulptur der Welt »S-Printing Horse« in Heidelberg). So schleimt sich dieser Fischkopp in die Thüringer Bratwurst ein, macht die norddeutsche Wurst nieder und singt der thüringischen ein höchst schlüpfrig-erotisches Lied – denn »sie macht alles, was ich will«. Die Jury schlägt begeistert zurück: »Gänsehaut pur.«

Nach soviel Fleisch muß der Geist durchlüftet werden und ich gehe mit Freunden aus Jena schnell fort von diesem wurstigen Ort, der englisch wahrscheinlich worst place heißt.

Die Wachsenburg hinauf, eine der Drei Gleichen, und man sieht von ihr aus die beiden anderen Gleichen, sie locken als Wanderziel. Vorüber zieht der Gustav-Freytag-Weg, der der Nachwelt den Autor von den *Ahnen* übermittln möchte, die sich hier aufgehalten haben. Er tut es mit großer Mühe, mit Schild und Waldparkplatz, aber ich denke, die meisten werden, nachdem sie ihr Auto abgestellt und den Schritt zur Burg gelenkt haben, sich bald nur noch schwach an ihn – kam er nicht schon im Robinson vor? – als den Autor der Ahnungslosen erinnern. Freytag, bekannt geworden mit der Familien- und Kaufmannsgeschichte *Soll und Haben*, war ein national denkender Liberaler und wohnte in der Nähe von Gotha, ein Großschriftsteller mit vielbändigen Romanen zur deutschen Geschichte. Wer kennt ihn noch? Und doch war er einst einer der Meistgelesenen. Der zweite Teil des sechsteiligen Romans *Die Ahnen* spielt bei den Drei Gleichen und heißt *Nest der Zaunkönige*. Antisemitismus hat man ihm vorgeworfen, doch die Sache ist komplexer. In seinem Roman *Soll und Haben* gibt es Gute und Böse auf allen Seiten. Er hat gegen Wagners Antisemitismus geschrieben, seine Stieftochter kam nach Theresienstadt, wo sie von den Amerikanern befreit wurde. Sie lebte dann wieder bei Gotha.

In Gotha war ich noch nie, immer zog es mich dorthin, doch die Züge fuhren daran vorbei. Gotha – das ist für mich ein Adelshaus, das in Verbindung mit Coburg England mitregierte, ein Adelsverzeichnis – ich glaube Virginia Woolf erwähnt das Werk –, ähnlich wie ein Hundekatalog, in dem die Stammbäume, Zuchtergebnisse und so weiter detailliert aufgelistet sind. Es ist sehr wichtig, wenn man sich entschließt, einen Adelstitel anzunehmen. Gotha ist auch Gründungsort der späteren SPD. Für mich ist es vor allem ein gleichnamiger Asteroid, auf dem der Begründer der deutschen Science Fiction lebte, nämlich Kurd Laßwitz. Nein, das stimmt nicht. Es gibt nämlich einen Asteroiden namens Gotha und einen zweiten, der nach dem Autor benannt wurde. 1977 wurde 46514 Lasswitz von H.-E. Schuster im Europäischen Südobservatorium entdeckt. Woran Schuster erkannte, daß er Lasswitz heißt, ist bis heute nicht ganz klar. Laßwitz (mit ß) war Lehrer und Schriftsteller in Gotha und schrieb über Philosophie, Naturwissenschaften und spekulative Themen wie auch eine Biographie von Gustav Theodor Fechner. Einer seiner Schüler im Gymnasium war der spätere SF-Autor Hans Dominik. Gleichzeitig mit H. G. Wells schrieb Laßwitz einen Marsroman: *Auf zwei Planeten*. Im Gegensatz zu Wells, dessen Marsianer die Erde unterwerfen wollen, sind die Marsmenschen bei Laßwitz friedliebend und weise. Schon deshalb konnte der Roman kein großer Erfolg werden. Laßwitz, der 1910 starb, wurde von den Nazis wegen seiner pazifistischen Einstellung geächtet. Wohl steht noch sein Gymnasium, doch viel mehr kann mir niemand in Gotha sagen.

Dafür treffen wir den Patron von Gotha, den Bischof St. Gothardus. Es ist gerade Stadtfest und so wimmelt es von historischen Gestalten. Bei Stadtfesten werden oft die Gräber geöffnet und allerlei Volk tritt aus dem Schatten der Vergangenheit heraus. Der Heilige steht etwas verloren mit seinem Krummstab und der Mitra, doch ist er gesprächig, wenn man ihn begrüßt. Einen großen Auftritt hatte er vor einigen Jahren bei dem Deutschen Symbolträgertreffen in Brakel, das dürfte zwischen Bielefeld und Paderborn liegen. Als nämlich echte Bischöfe in ihren Sänften vorbeigetragen wurden, verneigten sich diese vor ihm. Und zwar nur deshalb, weil sie sahen, daß er seinen Krummstab mit der Öffnung nach außen trug, denn das ist das Zeichen, daß er vom Papst selbst autorisiert ist. Er kann uns auf einem Video zeigen, wie das alles war. Die Zeitung von Brakel berichtete tags darauf in ihrer Schlagzeile: »Mit dem Bischof von Gotha begann das Desaster.« Worin dieses genau bestand, wollte er nicht sagen. Ich nehme an, das Deutsche Symbolträgertreffen endete in einer üblen Prügelei. Lassen wir die Tanzgruppe aus Lyon tanzen, schauen wir kurz in das Schloss, das zu ist, kurz in den Park, hinüber zu Thüringens größtem Naturkundemuseum, das jetzt zu ist, auf einige Statuen, auf die reichen Stallungen und die Frage, wie konnte ein Fürst noch im Dreißigjährigen Krieg solche Bauten errichten lassen?

Der Tag endet mit einem längeren Aufenthalt auf dem Bahnhof von Großheringen, wo wir vor einigen Jahren übernachteten, an der Saale, doch der Bahnhof ist eine Wüste, darin stehen ein paar spanplattenbedeckte Ruinen und verfallende Häuschen, aus denen heraus der Verkehr einst geregelt wurde. Diese Häuschen befinden sich jetzt bekanntlich im Internet. »Früher«, sagt die Oma zu ihrer Enkelin, »gab's in dem Häuschen heiße Brühe, da konnte man gut hier stehen.«

•|•

Der Mond an der Mulde (Mai 2010)

8:30 Abfahrt mit dem Rad in einen nebligen Morgen Richtung Grimma. Der Bussard kreist über dem grünen Feld von Fuchshain. Naunhof dichtet im Nebel. Folge der kehligen Vogelstimme durch den Wolkser Wald, höre das Gurren der nahen Ferne.

Über die Form von Hindernissen wird viel zu wenig nachgedacht. Sind sie eckig, rund, hoch, breit, stachlig oder weich? Einige kann man horizontal umfahren, bei Bahnschranken muß man entweder warten oder nach unten durch einen Tunnel oder nach oben mit einem Fluggerät ausweichen.

8:55 Fuchshain. Etwas verdeckt steht eine Tafel, die einen Radrundweg um Fuchshain verzeichnet. Es hat sich viel getan in diesen Jahren. Als wir 1994 von Freiburg nach Leipzig zogen, stand unser Klavier eine Zeitlang auf einem Hof in Fuchshain und auf diesem Hof wohnte ein Schäferhund, wie wir später unschwer am Klavier erkennen konnten. An einem kleinen Hochstand vorbei, wie für Kinder ist der gebaut, damit sie früh lernen, die Füchse zu schießen. Daran aber ist ein Zettel festgemacht, der den Schrei »Wo ist Cassie?« in die Welt hinausstößt. Der Asphalt des Weges ist noch frisch, aber noch frischer ein weiß eingezeichneter Kasten, auf dem steht: Cut & Paste, Vorspiel künftiger Plagiate. Die Virtualität zoomt sich auf Fuchshains Wege ein, auch sie sollen Teil des Cyberspace werden. Doch es bleibt bei der Geste. Der Weg will nicht weichen, er erträgt den menschlichen Hochmut mit Indifferenz. Das sagt ihm nichts, was soll der Mensch ihm schon sagen? Da kommt ein virtueller Radfahrer, stromlinienglatt und hochgerüstet mit Antennen, Helm und Kopfhörer wie ein elektronisches Insekt, die Räder surren wie tausend Webstühle, doch nur kurz, das war der Auftritt der Googlewelt bei Fuchshain.

9:10 Erdmannshain. Vorbei an der Muldentaler Kleintierbestattung, die hier in einem Wohnhaus vorgenommen wird. Dann nähert sich die Radfahrerkirche, von denen es immer mehr zu geben scheint: Symptom eines flüchtigen Glaubens. Das Radfahren bringt die Menschen in solche Zustände, daß sie viel eher bereit sind, das Göttliche aufzunehmen, zumindest aber die Ruhe, die heute nur noch Kirchen bieten, wenn auch nicht alle. Ins Gras hat man ein Labyrinth gemäht, ein weiterer Wink an die nicht-gläubige Welt. Gräber ringsum: Janus heißt einer, Familie Huhn gibt es, das Prachtgrab der Bernsteins mit einem Kreuz, auf dem steht: Auf Wiedersehen! und darunter: Die Liebe hört nimmer auf!

Zwei Kriegerdenkmäler stehen sich auf bemerkenswerte Weise gegenüber. Ein Rundkreuz mit Kranz erinnert an den Ersten Weltkrieg mit der Aufschrift *Für uns*, darunter sind Schwert und Eichenlaub und die Ziffern 1914 und 1918. Dieses *Für uns* läßt grübeln: Soll dies der Ausspruch derer sein, die gefallen sind, und die ihn deshalb nie machen konnten? Oder derjenigen, die das Denkmal errichtet haben, als Abkürzung für »Sie sind gefallen für uns«? Doch die Abkürzung steckt voller Interpretationsgefahren. Wo abgekürzt wird, entsteht Vieldeutigkeit – aber sie ist nicht erwünscht.

Das andere Denkmal ist ein roter Sandsteinbrocken, auf dessen östlicher Seite eingemeißelt steht: *1939/Waffen/hinter/lassen*, was nordwestlich fortgeführt wird: *keine/Sieger/mehr /1945*.

Auf der Weiterfahrt notiere ich mir, daß in Pomßen derzeit ein Maifest gefeiert wird. Unbedingt morgen besuchen! »Ich hab mein Herz in Heidelberg verloren« ist ein Titel, der auch sprachlich funktioniert – die Alliteration, die Assonanz von Herz und Berg, die Vokalfolge: I A EI E I EI E E O E ist eine gesanglich günstige Berg- und Talfahrt. Schon deshalb wäre es schwierig zu singen: »Ich hab mein Herz in Pomßen verloren.« Vielleicht gibt es noch andere Gründe, warum sich dieser Hit nie durchsetzen ließe. »Ich hab mein Herz in Großpösna verloren« geht aus unerfindlichen Gründen auch nicht besser.

10:05 Naunhof. Naunhof an einem Samstagmorgen um zehn, welch himmlische Frische, welch Morgengewusel vor dem Supermarkt und den Obstläden.

10:15 Grethen. Bis hierhin ließ es sich unbeschwert auf Radwegen fahren, nun beginnt der bittere Restabschnitt bis Grimma, eine enge schnelle Straße mit vielen Kurven. Bei der Bäckerei Klaus Kunert baue ich mich für diesen Endspurt auf. Er hat mehrere Zertifikate erworben, so wurde sein Malfa 4 Brot mit Gold bewertet, sein Kornbrot mit Silber. Außerdem ist im Angebot auch das berühmte Sauerkrautbrot. Deutschland ist Brotweltmeister. In welchem anderen Land bestreitet ein Brot denn eine ganze Fernsehserie?

Über schnelle gefährliche Straßen nähere ich mich dem alten Grimma, das ich sonst nur vom Zug her kenne. Um nach Hohnstädt zu kommen, muß man es nördlich umfahren und bei Netto einbiegen. Das Logo von Netto ist ein Hund, der einen Einkaufskorb trägt, doch auf der Tür prangt das bekannte Zeichen des durchgestrichenen Hundes. Brutto mit Hund, netto ohne. Die Studenten, mit Zügen und Autos angereist, sitzen schon im Wirtshaus an den sommerlichen Tischen und warten auf den Professor, der mit dem Fahrrad kommt. So ganz dicht kann der nicht sein. Von 11 bis 19 Uhr haben wir im Göschenhaus ein Seminar über den Mond. Das ganze ist etwas schräg geworden – ursprünglich sollten sie alle hier übernachten, im Wirtshaus oder in Zelten, aber am Ende wollen nun fast alle abends nach Hause und morgens wieder anreisen. In diesem schönen alten Haus mit seinem Kamin und den alten Bildern und Möbeln hören wir uns jetzt also Stunde um Stunde Mondvorträge an, der Mond im Märchen, der Mond in der Musik, Galileis Monde und Keplers Monde, Jules Vernes Mondfahrt und der Wettlauf der Amerikaner und der Russen zum Mond. Eigentlich wollte ich den Studenten spät abends im dunklen Hohnstädt den Mond zeigen, doch beide waren nicht da, weder der Mond noch die Studenten. Aber das gehört zu Seume, dem Wanderer, der hier für den Verleger Göschen arbeitete und eines Tages zu Fuß nach Syrakus in Sizilien ging. Göschen war der große Konkurrent von Cotta und brachte viele Klassiker heraus. Schiller übernachtete in den Stallungen, die heute Pension sind und wo ich abends im Fernsehen Lena bei der Eurovision sehen werde, verdammte Axt! Göschen druckte erstmals Antiqua statt Fraktur, was damals sehr fortschrittlich war. Wahrscheinlich muß man sich solche Aktionen vorstellen wie die Einführung des I-Pad und die Konkurrenz zwischen Apple und Microsoft. Der Verleger druckte zudem neben seinen großen Ausgaben kleine Parallelausgaben, die Vorläufer des Taschenbuchs. Göschen hat auch einen britischen Goschen-Zweig entwickelt. Diese Goschens stiegen politisch sehr hoch auf, bis in Ministerien. 1914 überreichte ein solcher Goschen die britische Kriegserklärung in Berlin. Es soll viel Streit zwischen den Zweigen geben, der Baum schüttelt sich manchmal gewaltig.

Abends zeigt uns eine Studentin aus Grimma ihr Heimatstädtchen. Die Flut hat eine Verschönerung der Stadt bewirkt. Sie ist adrett geworden, aber wenig bewohnt, ähnlich wie Altenburg, Eilenburg und viele andere Städte im Osten. Dörfer und Siedlungen an der Mulde sind nach den Verwüstungen durch das Wasser mit Hilfe von viel Geld und Eigeniniative auf Vordermann gebracht worden und sehen nun aus wie schnucklige kleine Städte in Hessen oder Rheinland-Pfalz: Die Flut hat Teile des Ostens verwestlicht. Wir schauen uns die Fürstenschule am Fluß an, ich kenne sie aus dem Tatort, der vor zehn Jahren einmal Grimma fokussierte. Die Studentin durfte damals als Statistin dabei sein, sie zeigt uns die Stelle, wo die Leiche gefunden wurde. Aber das Erlebnis des Hochwassers ist das große Ereignis in der Kindheit vieler meiner Studenten aus dieser Gegend. Mit drei Studentinnen sitzen wir noch am Markt und es fällt mir auf, wie sich in den letzten zwei Jahren eine große Kluft zwischen den Älteren und Jüngeren aufgetan hat, nicht nur zwischen Lehrpersonal und Studierenden, sondern auch unter diesen selbst. Sie reden über Dinge, von denen man nichts mehr versteht, japanische Fernsehserien, Comicfiguren und mehr. Aber das ist es nicht, es ist etwas anderes. Ich glaube, man kann es auf einen Punkt bringen. Sie sind die erste Generation, die im digitalen Zeitalter vollständig erwachsen wurde, die es von ihren frühen Jahren an erlebt und sich einverleibt haben oder einverleibt worden sind. Und das bedeutet: Sie leben in anderen Zeitmustern, vieles geht schneller, manches verschwindet dafür im Bewußtsein. Und wir versuchen, die Kultur analog zu vermitteln, sprechend, beschreibend, abbildend. Dagegen wird jetzt binär aufgelöst, gepixelt, atomisiert und zusammengeschossen. An der Uni heißt das Modularisieren. Der Bologna-Prozeß mit den neuen Studiengängen Ba-

chelor und Master ist nichts als die Umsetzung von Computerpro-
grammen in die Realität. Und wenns nicht paßt, um so schlimmer
für die Realität. Ich höre jedenfalls fassungslos den Reden meiner
Studentinnen zu.

Morgens beim Frühstück zwei Radler aus dem Erzgebirge, die
die Mulde entlang zur Elbe fahren. Die machen's noch analog,
immer dem Fluß folgen. Digital fahren hieße, stattdessen auf einem Schiff sitzend das Hausrad treten und dabei über den Bild-
schirm den Muldeweg verfolgen. Hinterher sagt man, man sei doch
die ganze Zeit geradelt. So werden Radwege zu virtuellen Erleb-
nissen.

Nach Ende des Seminars beschließe ich, das Maifest in Pomßen
sausen zu lassen und lieber mit dem Rad an der Freiberger Mulde
nach Leisnig zu fahren. Nachdem ich das Rad den ersten Kilometer
über schlammige Stiegen getragen habe wie einer der Helden von
Beckett, sitz ich in Kaditzsch an der Mühle und studiere neben der
Speisekarte auch all die anderen, die Speisekarte studieren. Entweder sitzt du am Tisch oder du stehst auf der Speisekarte soll das
Motto des Tages sein. In der schönen Wehrkirche von Höfgen, noch
so eine Kirche, die an die von Nietzsches Vater betriebene in Röcken
erinnert. In ganz Höfgen kann mir niemand sagen, wo der Radweg
nun weitergeht. Alle sind entweder keine Radfahrer oder sie stam-
men von anderswoher. Man denkt in Landkarten für Autos, das
Gehirn ist ein Straßenatlas, kein Wegweiser. Dabei ist der Radweg
harmlos, gleich ums Eck. Es geht nach Förstgen und Kössern, an
Sermuth vorbei, wo wir vor einigen Jahren Kanu fuhren mit einer
Horde Psychologen. An Großbothen, wo gerade Wilhelm Ostwalds
Villa Energie einen neuen Träger gefunden hat. Der Chemiker und
Nobelpreisträger hatte schon einen guten Riecher für Feng Shui, als
er sich hier niederließ. In Kössern, wo ein schmuckes altes Forsthaus
steht, aber wieder einer nie von einem Radweg gehört hat, gibt es
auch ein Eislokal. Wollen Sie's im Becher oder lieber schlecken? Ich
schlecke lieber. Der Mann mit dem Motorrad kommt aus Leisnig,
Leipzig ist etwas ganz schön Fernes. Gestern haben sie alle hier im
Eisladen Eurovision geguckt und mit Lena gezittert. Ganz toll ist

diese Lena, richtig normal und so. Im Thümmlitzer Wald gibt es eine Franciskus-Nagler-Höhle, und niemand kann sich einen Reim auf diesen Namen machen.

Von nun an jagt mich ein Gewitter am Fluß entlang, es wird ein munteres Wettrennen zwischen Rad und Wolke, die Gewitterwürmchen stürzen sich mir zu tausenden ins Gesicht, hie und da nehm ich noch eine Kirche wahr, ein alternatives Dörfchen namens Erlln, wo es sich anscheinend gut leben läßt, aber alles ist sehr nah am Wasser gebaut und die nächste Flut wird kommen. Aus dem Himmel ohnehin, denn beim Schieben auf den Leisniger Berg

MULDEN

bricht die Wolke prasselnd auf mich nieder. Es hat ihr richtig Spaß gemacht, dieses radfahrende Würmchen zu foppen und wenige Meter vor den ersten Unterschlüpfen den Guß loszulassen. Aber auch naß kann man Denkmäler bewundern. Beeindruckend jenes von Harfen umschlungene Monument für Carl Ferdinand Adam, den Stern aller Männergesangsvereine.

Abend wird es wieder, über Wald und Feld säuselt Frieden nieder und es schläft die Welt. Das stammt wohl von ihm und man sieht die Adamsäpfel Deutschlands jubilierend auf- und abhüpfen. Die deutschen Sänger widmeten ihm den Stein in Leisnig. Und da ist

TAL

wieder dieser Franciscus Nagler, diesmal auf einem Straßenschild. Ich frage zwei junge Frauen, wer das denn sei? Sie zucken die Schultern, aber wissen, wie man zum Marktplatz kommt. Sie können ja auch nicht wandelnde Wikipediaboten sein, also schaue ich nach und finde, daß »als wahrhaft volkstümliche Persönlichkeit [...] Franciscus Nagler durch sein umfangreiches künstlerisches Schaffen weit über Leisnig hinaus bekannt geworden« ist. Da haben wir ihn: Komponist, Kantor, Stimmbildner, Leiter eines Frauenchors und der Männergesangsvereine »Liederkranz« und »Saxonia«. Und er dichtete. All das trug sich von 1873–1957 auf Erden zu.

Sächsischer Pazifik (Juni 2010)

IM ZUG, ES IST FRÜHSOMMER, AUCH WENN DIE LUFT KALT weht, das Licht steht sommerlich, ich fahre an der Mulde die Strecke entlang, die ich vor zwei Wochen mit dem Fahrrad berollte. Anders sieht die Landschaft aus, wenn man sie kennt. Sie wird lieblicher, interessanter, abstoßender, je nachdem, auf jeden Fall aber vertieft sie ihren Charakter. Verliert sie auch an Geheimnis? Ja, am ursprünglichen Geheimnis, doch neue tun sich auf, das ist wie bei der Erforschung des Mondes. Die Elfen fliehen, doch die Moleküle werden zu neuen Rätseln. Das mit Mühe Erkrochene wird mit der Eisenbahn geschwind und elegant eingeholt, Grimma saust vorbei wie Großbothen, Großsteinberg wie Tanndorf und all die anderen Muldeorte, die wie Noten an der Wäscheleine hängen.

Die Sprudelflasche lacht sprühend mich und die Sitznachbarn aus, erfrischend ist es, wenn im Sommer so eine Dusche über dich niedergeht, auch wenn das nicht alle toll finden. Wenn sie ehrlich wären, würden sie zugeben, wie schön das ist, vom Nachbarn mit Wasser besprüht zu werden. Doch die Heuchelei ist groß in diesen Zeiten. Später sagt die Berlinerin, sie wohne schon seit 35 Jahren in Sachsen und sie fände es noch immer einfach ätzend. Neben mir sitzt eine Schülerin aus Döbeln und hebt die Augenbrauen, beschließt aber, lieber auf ihre mathematischen Schulblätter zu schauen. Pfui, und nicht mal richtig sprechen könnten diese Sachsen nicht! Nein, ein echter Berliner könne den Sachsen nicht ausstehen. Hinterlistig seien die obendrein, vorne hui und hinten pfui! Was sie schon alles erlebt habe!

– Stimmt das? frage ich das Mädchen neben mir. Das Mädchen mit den Rechenaufgaben zuckt die Achseln.

– Ich finde die Sachsen in Ordnung, hab mit denen nie ein Problem gehabt, sage ich.

– Oh, wie die hinterlistig sind, was für ein Stamm! sagt die Berlinerin. Das ging noch nie gut mit denen.

– Da müssen Sie ja mit einer Panzerhaut herumlaufen, sage ich, 35 Jahre im Feindesland!

– Ist mir doch egal, was die denken, ich sage jedenfalls, was ich denke, sagt die solariumgestählte Berlinerin.

Kurz vor Döbeln steigt sie aus und gleich darauf spricht mich das Mädchen an – sie hatte gar nicht erst anfangen wollen mit dieser Diskussion und ihr Freund sei ein Berliner und der sei völlig in Ordnung und wo ich denn hin wolle und in Meißen sei sie auch schon einmal gewesen, aber auch in Dresden, aber es gebe in beiden Städten eine schöne Porzellanausstellung, und ich dachte, Sachsen ist berühmt für sein Porzellan und andere Städte für ihr Elefantengetue.

Ich frage sie, was es denn in Döbeln gebe, und sie weiß von nichts.

Ich sage, war da nicht mal ein Japaner, ein großer Schriftsteller, um 1880, der hier wohnte? Oder an einem Manöver teilnahm? Ein Militärarzt, der eine Erzählung über Döbeln schrieb?

Sie weiß von diesem Japaner nichts und nichts von einer Erzählung. In Döbeln ist halt nichts. So wie es im Universum schwarze Löcher geben muß, so muß es auch Döbeln geben. Ich glaube, ich habe einmal einen Limerick über diesen Ort geschrieben, weil er sich so gut auf »Möbeln« reimte.

Wir zuckeln weiter durch das grüne Muldenland, das zunehmend romantischer wird – zum Beispiel bei Deutschenbora, und fahren durch das alte Miltitz, doch eine kehlige Sachsenstimme im Zug wird immer kehliger und lauter, als habe sie ein Handy verschluckt, aber leider nicht, denn der Besitzer der Stimme unterhält den Zug eine Stunde lang mit den interessantesten Details aus seinem Geschäfts-, Party- und Sexualleben, wobei 50 % der Schallmenge mit »ich will mal sagen« gedeckt sind. Wenn man in einen anderen Zugteil flüchtet, wird man von einem Punk empfangen, der es als seine Aufgabe ansieht, die flüchtigen Passagiere mit heavy-heavy metal zu unterhalten. Oh moderne Sirenengesänge und nun versteh ich, warum Odysseus sich an einen Mast binden ließ. Wenn nicht bald Meißen am Himmel erscheint! Ein insistierendes Sägen liegt in der Luft. In den Pausen dieser satanischen Musik flechten sich wie-

der die kehligen Klänge aus dem anderen Wagen ein, während mein
Blick auf die Hose des Punks fällt, auf der ein durchgestrichenes
Hakenkreuz grinst. Im heutigen Chaos der Symbole ist völlig unklar, ob es sich bei dieser Durchstreichung nicht um eine insgeheime
Belobigung des Symbols handelt. Nur indem seine Nicht-Existenz
gezeigt wird, kann es ja existieren. Das Verbot dient dann dazu, an
das Verbotene zu erinnern.

Die Albrechtsburg schimmert in der Hitze wie Böttgerporzel-
lan, also gedämpft rötlich, stellenweise als weißes Gold. Wohldo-
sierte und domptierte Touristenhorden durchziehen die Stadt von
Kopf bis Fuß, bleiben auf der in den Boden eingelassenen Stadtkarte
stehen, schauen in finstere Gewölbe und lassen sich von mittelalterlichen Marktfrauen die Welt erklären. Meist sind es Gruppen
von 50- bis 70jährigen Frauen, die von ca. zwei Männern wie von
Schäferhunden begleitet werden.

Reden wir über die Tagung, an der ich teilnehmen durfte.

Zunächst einmal Stille. So beginnt die Referentin, eine freundliche Professorin aus München, ihren Vortrag: Es gibt zwei Wege
zu Gott, der eine mit Worten, der andere ohne. Wir werden jetzt
den zweiten Weg gehen, wenigstens kurz, am Anfang. Also sind
wir einmal still. Ikonen, sagt sie dann, sind Bewohner eines sakra-
len Raumes, die Sie erwarten! Das Bild schaut Sie an, nicht umgekehrt. Die umgekehrte Perspektive. Die Orthodoxen hegen einen
Verdacht gegen persönliche Gebete. Dankbarkeit bedeutet, den Se-
gen anzunehmen, den man bekommen hat. Danken ist ein anderes
Segnen. Im Zentrum steht der auferstandene, nicht der gekreuzigte
Christus. Das immerwährende Gebet, andere nennen es Atemtech-
nik. Das Psalmenbuch ist in Rußland ein Laboratorium der Poesie
geworden.

Ein Kracher ist die 78jährige aus Chemnitz. Sie interessiert sich für
fast alles, ist immens neugierig, auf Suche. Aber, sagt sie, ich bin jetzt
in einem Alter, da hat man nicht mehr so viel Zeit vor sich, man
kann nicht alles machen, man muß sich beschränken und aussuchen.
– Was haben Sie sich denn ausgesucht?

– Ich lese jetzt alles von Ulla Hahn, was ich in die Hände bekommen. Meine tolle Bibliothek in Chemnitz, im Tietz, wissen Sie, die hat das sofort angeschafft für mich. Jetzt weiß ich, warum es im Westen die 68er gab, steht alles drin bei Ulla Hahn, dem Arbeiterkind. Durfte aus finanziellen Gründen keinen Urlaub machen. Das gabs bei uns nicht, wir durften zwar nicht weit reisen, aber Urlaub machen durften wir. Wissen Sie, ich bin minderbemittelt, aber das macht mir nichts, im Gegenteil. Einmal haben mir meine Westverwandten ihr Zahngold geschickt, das habe ich gleich eingetauscht und bin mit dem Geld nach Armenien gereist. War das eine tolle Reise!

Das Zwickauer Paar, um die 70, sie mit einem Blättchen unter der Uhr: wozu dient das, will ich wissen, und sie sagt, etwas verschämt, ach, weil ich alles Grüne und Pflanzen so mag, ich bin doch eine eingefleischte Gärtnerin. Er ist Techniker und merkt sofort, daß für mich das Literarische der Lebensinhalt ist. Und gleich rückt er heraus, daß Bücher ihm und seiner Frau über alles gehen. Ein ganzes Zimmer sei schon voll und man habe ein recht hübsches System erfunden, um ihrer Herr zu werden, drehbare, faltbare Regale, Schubladen mit Krimis unter dem Bett und dergleichen, und er verliert sich in technische Verzückungen, so daß der Literat nur noch mit einem Ohr zuhört, denn eigentlich wollte er über Bücher sprechen. Aber die Frau erzählt dann, wie sie in den 1950ern als Mädchen das Gilgamesch-Epos entdeckte und wie tief es sie berührt hatte. Im Sommer schläft sie draußen im Garten und hört das Mampfen der Rehe bei Zwickau.

Es ist viel Religion im Spiel auf dieser Tagung, und damit ich nicht zu fromm werde, schwänze ich mal hier und da, lande in einem Flohmarkt unten in der Altstadt, tischeweise Bücher für einen guten Zweck, ich finde auch eins: Charitas Bischoff, Das Leben der Amalie Dietrich. Ich habe ja vor, den Heimatort von Amalie Dietrich morgen nach der Konferenz zu besuchen, da ist dies Buch nützlich. He junger Mann, schallt es aus der Bücherkatakombe, sind Sie vielleicht etwas künstlerisch begabt? Naja, geht so. Und schon muß ich mit einem Filzstift eine Leinenbahn beschriften. Schreiben Sie, was Sie wollen!

»Jede Menge Bücher. Flohmarkt. Kommt alle!« Dazu zwei Füße in Richtung des Geschehens. Später höre ich beim Aufhängen draußen auf dem Markt, wie die Damen, die mich eingestellt haben, sagen: Naja, es geht so. Nichts Tolles, aber wenigstens keine Rechtschreibfehler.

Schnell wieder zu meinen Frommen. Dort oben auf der Burg werden gerade russische Gedichte über den Tanzenden David ausgerollt. Neben mir die Grundschullehrerin aus Nürnberg, die eigentlich nur wegen der Gedichte gekommen ist. Sie will mit ihren Kindern Gedichtschreiben üben. Wir fangen mit der WM an, sagt sie, Reime über den Fußball, dann sehen wir weiter. Währenddessen hören wir Achmatowa und Brodsky auf Band, gesungen, getragen, die tiefgründig-wohltönende russische Poesie und den Satz von Achmatowa: »Ein Gedicht kann wie ein Pflug sein – man entdeckt eine neue Schicht unter der aufgewühlten Erde.« Brodsky forderte, daß man Poesie an den Tankstellen verkaufen solle. Das habe ich bislang erst einmal erlebt, in Sibirien, als wir eine Autopanne im Altaigebirge hatten. Ein paar Kilometer weiter stand eine einsame Tankstelle und daneben saß ein Adept Brodskys mit einem Stapel seines Gedichtbandes. Es gelang ihm auch, unserem Freund Oleg, der zu der Tankstelle gepilgert war, zwei Bände zu verkaufen. Er muß seit Wochen der erste Kunde gewesen sein. Derweil höre ich von vorne, daß Puschkin manchmal vorgeworfen wird, er sei immer glücklich gewesen. Ja, das stimme, und zwar sei es ihm gelungen, aus jeder Situation, sei sie noch so mißlich, kreative Funken zu schlagen. Nun geht es um die Rußlandreise, die Rilke (25) mit Lou Andreas-Salomé (39) im Jahre 1900 unternahm, der unbekannte Dichter und die verheiratete Aristokratin aus St. Petersburg. Rilke schrieb bemerkenswerte Gedichte über Ikonen. 1913 fand die große Ikonenreinigung in Rußland statt und hellte nicht nur die Farben, sondern auch die Malweise der Ikonenmaler auf. Man fand, daß Rilke in seinen Gedichten die Dinge schon sehr genau beschrieben hatte. So stehen die Ikonen auch am Beginn des Modernismus. Mit seinem schwarzen Quadrat schuf Malewitsch die Super-Ikone.

Am Sonntag um zehn muß ich weiterziehen, zumal es doch noch frömmer wird, und die Grundschullehrerin aus Nürnberg rekelt sich auch schon. Was nehme ich aus der neu-eröffneten Ausstellung zum Weißen Gold in der Albrechtsburg mit? Die Allanwesenheit der Alchemie, die Bilder vom betrunkenen und erschöpften Johann Friedrich Böttger, der drauf und dran ist, das Meißener Porzellan zu erfinden und wie die meisten Erfinder nicht viel davon hat, außer das August der Starke ihn am Leben läßt. Wenn man diese Burg durchwandert, bewegt man sich in einer sächsischen Ikone, die aber keine transzendenten Blicke auf den Betrachter wirft. Vielmehr befinden wir uns in den Gedärmen der Macht, in denen Einbildungskraft, Spekulation, Wirtschaftstrieb, Manipulation und Beutejagd historische Blähungen erzeugen. Muß ja nicht immer schlecht sein, manche Blähung wirft sich in schöne Form, hält sich Jahrhunderte und bringt jede Menge Geld ein.

Auf dem Rückweg steige ich in Nossen aus, ein oft zitierter Ort, er liegt an der Autobahn und hat nicht viel davon. Bei Nossen liegt Siebenlehn, fünf Kilometer weiter, und in Siebenlehn wohnte die berühmte Australienforscherin Amalie Dietrich und zu ihr wollte ich schon lange wallfahren. Nicht zuletzt führt eine Spur vom Grassi-Museum in diese Vorgebiete von Freiberg, denn dort hat man eine Reihe Schätze von dieser Frau geerbt. In Nossen steht ein Denkmal ohne Denk, will sagen, nur ein Block, auf dem man die Inschriften ausgerubbelt hat, vielleicht auf der Suche nach der Geheimzahl. Ein weiteres Denkmal bei Augustusberg hinter Nossen regt ebenfalls zum Denken an. Dort dauerte der Erste Weltkrieg ein Jahr länger, es wird der Gefallenen des Krieges 1914–1919 gedacht. Siebenlehn liegt hinterm Berg, man hört bald die Autobahn, ein junger Radfahrer kommt mir im Rapsfeld gläsern entgegen, das ist so die deutsche Art: zu tun, als ob der andere nicht da wär, auch wenn man auf weiter Flur der einzige Mensch ist. Eine schöne Entmenschungsübung, die wir täglich betreiben. Siebenlehn ist in seiner Mitte aufgebrochen, nichts steht an seinem Platz, zuerst scheint's, als sei der mächtige Sportladen Teil der Kirche, doch nein, es sind zwei Anstalten. Groß eingelassen in den unteren Teil des Kirchturms ist eine Gedenkplatte für drei im Krieg 1870/71 Gefallene des Städtchens, die Namen prangen über den Platz, wenn da einer wäre, aber er ist ja anderswo, ein ausgerissener Platz. So wird das Gotteshaus zum immerwährenden Denkmal von Menschenkrieg. Auch das Rathaus ist umstanden von Bauzäunen und Baggern. Vor ihm der Brunnen mit einem Handwerker: *Ehret das Handwerk – Deutschlands einziger Schuhmacherbrunnen*. Wer nach Siebenlehn fährt, ist auf der Suche nach der Welt jenseits aller Suchmaschinen. Hier ist alles verruckelt und verwackelt wie auf einer Doppelbelichtung. Manches geht hierhin, anderes dorthin. Eine Frau mit zwei Deutschlandfahnen am Auto – heute abend spielt Deutschland gegen Australien bei der WM – packt einen Picknickkorb aus, lenkt mich zur Schützenhalle, meint aber das Sportshaus, verwechselt links und rechts gleich mehrmals, so daß es sich wieder aufhebt. Die Dönerbude ist mir zu dunkel, das Schwarze Roß (1897) zu sehr aufgezäumt, so finde ich schließlich die Sportgaststätte, die von sieben deutschen Fahnen umweht wird wie von einem Bademantel. Sportler dürfen das. Beim Wildgulasch schau ich auf den verwaisten Platz des SV Siebenlehn, studiere die Mannschaftsaufstellung für heute abend und die bisherigen Ergebnisse auf der Tafel, die wie ein Stammbaum der Götter aufgehängt ist.

Um 14 Uhr schweife ich vor dem Rathaus umher. Die Öffnungszeit für die Gedenkstätte der Amalie Dietrich beginnt. Eine Frau steht mit ihrem Fahrrad vor der Tür, ich trage es ihr hinein, sie ist die ehrenamtliche Betreuerin des kleinen Museums, das nur sonntags kurz öffnet, ein Augenaufschlag fernster Zeit: Amalie Dietrich: 1821–1891. Drei Räume mit ausgestopften Tieren, australischen Werkzeugen, getrockneten Pflanzen und Briefen (alte Briefe sind tatsächlich wie getrocknete Blumen, ihre Feingliedrigkeit, ihr Feinsinn, ihr Federschmuck). Amalies Mutter war eine Kräuterfrau, von ihr lernte die Tochter alles über Wald und Wiese, sie wußte, wie man Heilkräuter trocknet und wo man sie findet. Der

Vater war Beutler. Amalie paßte nicht in ihre Zeit, man belächelte ihren Lesehunger. Beim Pilzesammeln im Zellwald lernte sie einen interessanten Mann kennen, einen werdenden Apotheker, dessen Wissenschaft sie bewunderte und der aus einer Botanikerfamilie stammte. Ein Onkel dieses Mannes half Goethe bei seiner Schrift über die *Metamorphose der Pflanzen*, wurde Goethes Gärtner und später Garteninspektor. Man nannte die Dietrichea coccinea nach ihm. Ein weiterer Verwandter korrespondierte mit dem Fürsten der Botanik, dem Schweden Linné. Das musste auf Amalie Eindruck machen und so heirateten sie. Aber Wilhelm August Salomo Dietrich erwies sich als Nulpe. Mit Tragekorb zogen sie durch die Lande – wobei sie tragen durfte – sie sammelten und verkauften von den Alpen bis Krakau und machten sich einen Namen. Amalie bekam eine Tochter, man gab ihr den belastenden Namen Charitas. Einmal zog die Mutter allein mit ihrem Hundekarren zu Fuß zur Nordsee, erkrankte an Typhus und kam erst Monate später wieder nach Hause. Da hatte sich der Herr Dietrich aus dem Staube gemacht und die Tochter als Dienstmädchen abgegeben, nachdem er die Gattin für tot erklärt hatte.

Schlimme Geschichten allesamt, wobei auch Amalies Ehrgeiz in Anschlag zu bringen ist – sie liebte ihre Tochter, doch ließ sie sie meist allein, zu groß war ihr Sammeltrieb. Der führte sie schließlich nach Australien im Auftrag des Handelshauses Godeffroy, das eine bedeutende museale Sammlung für Hamburg begründete. So legt sich auf die sächsische Topographie eine ganz andere: die Australiens. Zehn Jahre blieb sie dort, lernte Englisch, erlebte Abenteuer im Outback und schickte phänomenale Sammlungen nach Europa. Die Siebenlehner haben ihrer gedacht in einem Bühnenstück von 1953:

Durch Prachtexemplare an Tieren und Pflanzen,
Waffen, Geräten – oft kunstvoll zerlegt –
Steinen, Skeletten und allen Substanzen
der Tropika hat sie groß Aufsehen erregt.

Das Textbuch erhalte ich von der Museumsfrau, sie wollte sich dankbar zeigen, denn ich habe ihr aus dem Gästebuch ein paar Inschriften aus dem Englischen übersetzt. Endlich wird man mal als Anglist ernst genommen.

Die Frau kommt in eine lokalpatriotische Stimmung, als ich sage, außer Amalie Dietrich sei ja nicht so viel hier in Siebenlehn passiert.

– Da liegen Sie aber falsch, junger Mann!

(An dieser Stelle meine Hypothese, warum die Deutschen gerne »junger Mann« oder »junge Frau« sagen, auch wenn es sich um angehende Greise handelt: Wo die Franzosen »Monsieur« oder »Madame« sagen, fehlt uns die Anrede. »Mein Herr« oder »Meine Dame« ist altmodisch und wir haben keinen anderen Ersatz – es muß eine Anrede sein, die aus zwei Teilen besteht, um ihr den Akzent zu verleihen.)

Siebenlehn hatte Silberbergbau im Mittelalter – die Bergleute kamen aus Goslar –, später war es die Stadt der Bäcker – habe ich mich verhört? Es sollen 40 gewesen sein, die die umliegenden Orte auch bei Hungersnöten versorgt haben. Der erste Christstollen soll aus Siebenlehn stammen, nur haben sie sich ihn nicht rechtzeitig patentieren lassen. Und es ist auch eine Schusterstadt – siehe das einzige Schusterdenkmal Deutschlands! Allerdings hat ein Schusterjunge dann Siebenlehn niedergebrannt. Auch die Wachsschläger sollte man nicht vergessen, es gab an die sieben. Leider hat die Stadt vor kurzem ihren Stadttitel verloren – wegen Überschuldung durch ein Industrie- und Geschäftsgebiet, das am Ende keiner brauchte. Da waren windige Spekulanten am Werk und haben die Stadt in den Abgrund geschossen. Auch in dieser Hinsicht gehört also Siebenlehn zur Avantgarde. Das Land hat ihnen gewisse Schuldenteile erlassen, dafür mußten sie das Stadtrecht abgeben und sind nun ein Ortsteil von Großschirma. Der Bürgermeister von Großschirma schaut auf seiner Homepage zufrieden ins Volk. Solcherlei Eingemeindung einer Stadt in eine dörfliche Konglomeration ist nichts Alltägliches. Da hat er einen dicken Fisch gefangen.

Ich schau noch mal in die Amalie-Dietrich-Vitrinen, auf die ausgestopften Hülsen eines vergangenen Lebens: den Soldatenkiebitz, den Rotkopfsäbelschnäbler, den Rabenkakadu, den Rotflügelsittich und den Zimtflügel-Honigfresser. Dann dieser Brief aus dem Hause Godeffroy an Frau Dietrich: »... und möchten wir sie nochmals bitten, nicht nur Skelette von dort vorkommenden Säugetieren, sondern auch möglichst Skelette und Schädel von Eingeborenen, sowie deren Waffen und Geräte zu senden. Diese Sachen sind sehr wichtig für die Völkerkunde.« An dieser winzigen Briefstelle tut sich ein Abgrund auf. Sie zeigt, wie sehr Amalie Dietrich auch Teil eines ausgeklügelten Systems der Ausbeutung von Erde und Menschen war, an dem sie sicherlich meist begeistert teilgenommen hat, denn es gab ja entsprechende Belohnung für diesen Einsatz. Die Frau im Museum sagt, man habe sich in jüngerer Zeit damit beschäftigt – ein dunkles Kapitel. Denn wie kommt man an Skelette und Schädel von Eingeborenen? Nach einer australischen Forscherin (Ray Sumner: *A Woman in the Wilderness* 1993) hat Amalie Dietrich bis zu 13 Skelette und viele Schädel besorgt. Angeblich habe sie Leichen stehlen müssen. Kinderskelette seien leichter zu beschaffen gewesen, denn ihre Leichen »werden meist nur in einen hohlen Baum gesteckt, der mit roter und weißer Farbe gestrichen wird«, schreibt Dietrich in einem Brief. Allerdings sind auch ihre Briefe mit Vorsicht zu genießen. Sie finden sich in der Biographie ihrer Tochter Charitas, die aber einen großen Teil erfunden haben soll. In Australien heißt es auch, Dietrich habe mindestens einmal dabei geholfen, australische Siedler dazu zu bringen, einen Aborigine zu erschießen, damit sie das Skelett an den Fürsten der Südsee in Hamburg schicken konnte. Ehrgeiz und Energie sind bewundernswert, stoßen aber hier an Grenzen. Siebenlehn ist sicherlich nicht der Ort, sich allzu kritisch mit dieser großen Frau auseinanderzusetzen. Sie war ein Mensch ihrer Zeit, Opfer, Täterin, Teil eines Systems, aber doch insgesamt eine weibliche Freiheitsfigur in einer männlich-rauschebärtig dominierten Zeit. Bis heute sind ihre Sammlungen nicht vollständig untersucht worden. Aus dem Gästebuch geht hervor, daß sie auch in Australien – trotz ihrer kolonialistischen Einstellung – bis heute hoch verehrt wird.

Auf dem Rückweg in Nossen an einem Schreibgeschäft namens Thäter vorbei – da haben wir es endlich! Hier kauft der gemeine

Schreibtäter seine Schreibutensilien ein, um die Welt ins Verderben zu stürzen. Er beginnt mit dem Bahnhof von Nossen, den er so tot macht, wie es noch keinen Bahnhof gegeben hat. Aus einem der toten Häuser am Bahnhof dringt das Getröte einer Vuvuzela und ein Kind lacht. Ein Mann mit gelber Plastiktüte und Stock tastet sich vorsichtig über die völlig leere Straße, steht abwartend, als sei da eine Ampel oder dichter, unsichtbarer Verkehr, und dann grüßt er mich und weist freundlich auf das »relativ gute Wetter« hin. Ein Haufen Bundeswehrsoldaten hängt am Bahnhof herum, mit Freundinnen

oder auch nicht. Ins Gebäude schaut man durch zersplitterte Fenster, großer Zerfall tut sich auf und der Zug fährt ein. Hier in der Nähe, nicht Döbeln, sondern Döben, bei Grimma, so dämmert es mir jetzt, fanden einst Manöver der Sächsischen Armee statt, im August 1885, und dazu war ein japanischer Militärarzt eingeladen worden, der in Leipzig Hygiene studierte und den die Japaner Mori Ôgai nennen. Sein Deutschlandaufenthalt – in Leipzig, Berlin und München – veränderte ihn nachhaltig, er wurde zu einem Begründer der modernen japanischen Literatur, er übersetzte Goethe, vor allem den Faust, und er schrieb über Döben eine Erzählung.

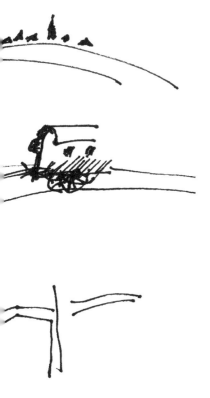

Sein Deutschlandtagebuch besorgte ich mir gleich nach meiner Rückkehr. Es enthält bunte Steine, in denen sich das Leben eines Fremden im Leipzig der Gründerzeit widerspiegelt.

Als das Jahr 1885 anbricht, stellt er auf einer Silvesterfeier im Krystallpalast mit Interesse fest, daß sich die Leute *Prosit Neujahr!* zurufen und sich die Hand reichen, ganz gleich ob sie sich kannten oder nicht. In Dresden nimmt er an Verwundetentransportübungen teil. Im Mai bewundert er die gelben Rapsblütenfelder, doch sagt man ihm, daß diese selten geworden seien, seitdem das Erdöl an Bedeutung gewonnen habe. In Oschatz sieht er vom Zug aus ein Ulanenlager, das Gebüsch erinnert ihn an Kehrbesen. In der Sächsischen Schweiz stößt er auf Lamas und hält deren bösartigen Charakter fest, es geschehe nicht selten, daß sie den Leuten ins Gesicht spuckten. In Leipzig wohnt er bei Frau Vogel in der Talstraße, er geht in Konzerte, so mit Fräulein Gretschmann in den Bayer'schen Bahnhof. Am Johannistag schreibt er über das Johannismännchen, das im Garten des Johannishospitals lebe und der Schutzgeist des Feuers sei, der sich an diesem Tag den Menschen zeige: »In vielen anderen Städten Deutschlands wird ebenfalls dieses Fest begangen, aber wo gibt es schon noch ein Johannisthal und ein Johannismännchen?«

Beunruhigend findet er die deutschen Biergläser, die einen halben Liter fassen. Er kennt Leute, die 25 Glas trinken, er selbst hat gerade noch drei geschafft. »Dem Spott der Kommilitonen konnte ich nicht entgehen.« Im Juli abends auf der Promenade, dort wo heute der Ring ist, sieht er junge Leute, die sich zusammenschmiegen, »ohne sich das geringste dabei zu denken«, doch er hat sich inzwischen daran gewöhnt. Ältere Frauen stehen mit kleinen Karren da, auf denen sie Kirschen verkaufen. Die aus Zeitungspapier gedrehte Tüte nennen sie Dute. Die winzigen Karren werden von riesigen Hunden gezogen, was einen sehr komischen Eindruck auf ihn macht. Ihm fällt auf, daß die Blumenlampions handwerklich nicht gut gemacht sind und er führt dies auf die zunehmende Fabrikproduktion zurück. In diesem Sommer lernt er auf der Pleiße rudern, weil die Kommilitonen ihn aufziehen, er blamiere sich doch sonst vor den Mädchen. Im August freundet er sich mit einem Amerikaner an, der ihm berichtet, daß er nicht heiraten könne, weil er erblich belastet sei: In seiner Familie seien schon viele an der Beriberi-Krankheit gestorben. Der Japaner macht dem Amerikaner Mut: Beriberi sei nicht vererblich, wie Robert Koch bewiesen habe. Diese Tagebucheintragung fällt durch ihre Ausführlichkeit auf. Mori Ôgai sollte später als Militärarzt im Russisch-Japanischen-Krieg (1904/05) in der Mandschurei in eine solche Beriberi-Geschichte hineingezogen werden. Angeblich war er, wider alle bessere Erkenntnis der Wissenschaft, nicht willens, Beriberi als Nahrungsmittelkrankheit anzuerkennen. Die Folge war, daß viele Tausend japanische Soldaten daran starben.

Ôgai bekommt Besuch von anderen Japanern, etwa aus Würzburg und Berlin. Ein weiterer Besucher ist der schwäbische Arzt Erwin Bälz, der zum Leibarzt der kaiserlichen Familie in Japan avancieren sollte. Ôgai machte auch die Deutschen mit dem neuen Sport Judo bekannt.

Ende August finden die Manöver an der Mulde statt. Ôgai fährt nach Machern und bemerkt, daß er bislang noch kein einziges deutsches Dorf kennengelernt hat. Im Schloß von Machern stellt er einen »Hauch kriegerischer Atmosphäre« fest. An Decke und Wänden sind Dämonen, Drachen und Schlangen gemalt, in die Pfeiler Waffen und Tierköpfe geschnitzt. Am nächsten Morgen geht es nach Nerchau. Als ihm dort Briefe aus der Heimat übergeben werden, reißen sich die Offiziere um die unbekannten Briefmarken. Ein Mann fragt ihn, ob er nicht Kreuzbruder werden wolle. Dazu muß man in der Nähe eines Kreuzes einen Nagel einschlagen, was ihm auch mit vier Schlägen gelingt, wofür eine Mark zu bezahlen ist. Als Zeichen erhält er ein Blechkreuz mit der Aufschrift Nerchau 1885. Ist man Kreuzbruder geworden, muß man den anderen Mitgliedern drei Sünden beichten, Verlobte und Verheiratete allerdings nur zwei, woraus er messerscharf schließt: »Das bedeutet ja wohl, daß man mit der Heirat einen großen Fehler begeht.« Solche Spiele, hört er, sollen in ganz Deutschland gespielt werden. Auch diese letzte Eintragung hat eine prophetische Note. Ôgai wird später eine deutsche Freundin haben, die ihm nach Japan folgen wird, um ihn zu heiraten. Doch seine Eltern werden sie ablehnen, Ôgai muß eine andere, ihm von der Familie vorbestimmte Frau heiraten.

Der Organisator des Sedanfestes zu Nerchau hat von diesem japanischen Arzt gehört und lädt ihn brieflich zur Feier im Gasthof zur Sonne ein. Bei Ragewitz erfolgen die Manöverübungen, es geht weiter über Brösen und Grechwitz nach Döben und Grimma. Vom Schützenhaus Grimma geht man in den Gasthof Zum Goldenen Löwen, gefolgt von großen Kinderscharen, »wahrscheinlich weil man in Grimma nur selten Japaner sieht. Oberst Leusmann belegte sie in einem fort mit allerlei Schimpfnamen wie Esel und Ziegen, bis sich die Ansammlung der Kinder endlich auflöste.«

NERCHAV

Im September nimmt Ôgai an der 13. Generalversammlung des Allgemeinen Deutschen Frauenvereins teil. Seine Vermieterin Frau Vogel ist eine Verwandte von Louise Otto-Peters, der Gründerin des Vereins. Sehr beeindruckt ist er von den Vorträgen der Augusta Schmid und Henriette Goldschmidt. In Dresden läßt er sich zeitweise nieder und besichtigt verschiedene Institutionen und Anstalten, ein Gefängnis, eine Waschanstalt oder das Stadtkrankenhaus. In einer Bäckerei sieht er Brot, das nicht verdirbt. Im Verein für Erdkunde hört er einen Vortrag, in dem der Schmutz in den Städten Koreas und Chinas hervorgehoben wird: »Da schauten alle zu mir herüber und grinsten höhnisch.« Er geht im Linkeschen Bad essen; weiß er, daß dies ein magischer Ort in Hoffmanns Zaubererzählung *Der Goldene Topf* ist? Einmal spricht ihn ein Deutscher an, der sich als Drucker Johannes Bänsch-Drugulin vorstellt und ihm erzählt, er habe gerade einen chinesischen Text gedruckt. Dieser Bänsch-Drugulin erbte die Druckerei von Wilhelm E. Drugulin, dessen Tochter er heiratete, und machte den Namen Drugulin weltberühmt, unter anderem durch seine orientalischen Schriften. Er druckte später für Rowohlt, Kurt Wolff und viele andere. All das konnte Mori Ôgai noch nicht wissen, aber hier wie im Fall der Vorträge im Frauenverein scheint er seinen Finger auf die richtige Stelle gelegt zu haben.

2009 hat Auerbachs Keller seine Leistung als Übersetzer von Goethes *Faust* gewürdigt. Man gab ein Gemälde bei Volker Pohlenz in Auftrag. Heraus kam: »Mori Ôgai erinnert sich an den 27. Dezember 1885 in Auerbachs Keller.« Es geht hier um eine Ehrung des japanischen Übersetzers, doch wenn ich im Tagebuch nachschaue, so sehe ich dort dies: »Am Abend war ich mit Inoue in Auerbachskeller. Wir sprachen darüber, wie man Goethes *Faust* in chinesische Verse übersetzen könnte. Schließlich schlug Sonken mir vor, es doch einmal zu versuchen. Aus Spaß willigte ich ein.«

Bussardfeder (Juli 2010)

ES IST EINER DER HEISSESTEN TAGE DES JAHRES UND LEICHT zögernd besteigen wir die Fahrräder, denn alle anderen, die wir an der Burg treffen werden, werden mit dem Auto kommen. Bei fast vierzig Grad mit dem Fahrrad durch hügeliges Gelände fahren: mal sehen. Der Veolia-Zug trägt uns nach Geithain, das bislang unterschätzt wurde (wie Kötzschenbroda natürlich), immerhin eine sächsische Endstation, von hier geht nur Fuß oder Fahrrad. Es gibt einen wunderbaren Radweg zur Burg Gnandstein, über Syhra, und ist dieser Name nicht schon genug, um aufs Fahrrad zu steigen? So ist es auch ein lauschiges Plätzchen im Grün, der Weg geht weiter durch den Wald, durch kornsatte Felder, die Sonne wiegt wie ein schwerer Koffer auf der Landschaft, wer weiß, was drin ist, und er wird sich öffnen, das wissen wir, wenn wir uns weiter so anbrennen lassen. Aber es geht, die Wälder atmen, das alte Gnandstein erwartet uns, erst das Dorf, und dort sehen wir zwei Strohhüte, das sind diejenigen von zwei Kolleginnen, die sich vor dem Treffen umsehen wollten im heißen Mittelalter von Kohren-Salis, der Töpferstadt. Hinauf zur Gnandstein, da helfen nur schattige Pausen, aber dann sind wir oben im Hof, wo eine Horde wartet und eine Hochzeitsgesellschaft von einem Eulenspiegel im Narrenkostüm unterhalten wird. Lassen wir die Gänge und Räume der Burg, die Blicke in die Geschichte und auf die Landschaft mal außen vor und betreten die ausgeschmückte Kapelle. Dort findet sich ein Spruch des national-konservativen Dichters Börries von Münchhausen, der mit den Nazis paktierte und zu Kriegsende Selbstmord beging. Er wohnte in Windischleuba und erhielt öfter Besuch von dem Anglisten Levin Ludwig Schücking aus Leipzig (einer meiner Vorgänger), der gut mit ihm befreundet war, trotz seiner sozialdemokratisch-liberalen und pazifistischen Einstellung. Münchhausen jedenfalls durfte das Fenster der Gefallenen in der Kapelle betexten. Da stehen die Jahreszahlen 1794, 1813, 1870, 1914, 1918 und dann dies:

Ihrer die Wunden
Unser die Narben
Wir leben schwerer
Als jene starben.

Unten in Kohren-Salis am Töpferbrunnen steigt die Erinnerung
auf an einen kalten Apriltag, an dem das Töpferfest stattfand, an
einen Besuch im Hofmannschen Haus mit seinen alten Möbeln
und Gerüchen, dem sächsischen Biedermeier. Auf der Rückfahrt
finden wir eine große Bussardfeder, die die Sonne aus ihrem schweren Koffer, der allmählich federleicht wird, hat fallen lassen, zur
Erbauung, zum Trost, zur Warnung? Wir fliegen über die Felder,
wir sitzen in der besten Eisdiele nördlich der Alpen, wir sitzen in
Geithain in einem Café, wir sehen an einem frisch sanierten Haus
die Jahreszahl 1538–1534, da tritt ein alter Krauter heraus und freut
sich, daß wir uns für seine Zahlen interessieren. Er erklärt sie uns,
aber ich habe es vergessen, warum sie rückwärts laufen, und nimmt
uns mit ins Haus und zeigt uns, wie er alles schön saniert hat. Am
Ende, die Luft ist ja immer noch heiße Brühe, kehren wir bei Netto
ein, denn dort bläst ein Ventilator hyperboräischen Wind in die
Kaufhalle. Der berühmteste Satz, der über Geithain geschrieben
wurde, lautet: Du, der du aus Geithain bist. Ein amerikanischer In-
dustrieller etwa, der ein großes Seidenstrumpfunternehmen in den
USA betrieb. Er hieß Paul Guenther und stammte aus Geithain, das
einst von den slawischen Chyten gegründet wurde, aus dem Wald
der Chyten also kam dieser Amerikaner und stiftete dem Städtchen
eine Schule. Dort kann man nun Englisch lernen und dann nach
Amerika auswandern.

•|•

Hochzeit im Erzgebirge (September 2010)

AUF DIESER REISE ZU EINER HOCHZEIT erfuhren wir, wie
sehr man das Erzgebirge unterschätzt, wenn man versucht, es in einen zeitlichen Uhrrahmen zu hängen. Jeder Weg besteht aus mehreren Wegen, die nicht verzeichnet sind, jede Gerade auf der Karte
sind drei Kurven in der Realität.

Wir kamen noch rechtzeitig zum Auftakt der Hochzeit auf das
Schloß Schlettau. Die Verwandtschaft warf Blumen, das Pärchen
saß in einer Kutsche, es wurden gute Reden gehalten, die Kinder
sprangen herum, endlich heiraten mal unsere Eltern! Das ganze
Schloß war umlagert mit Zelten und Tischen, im Innenhof wurde getafelt und draußen auf der Wiese stellten wir unseren Bogen-
schützenstand auf und brachten den Kindern das Schießen bei. Wie
ein jedes ganz anders den Bogen anfaßt, manche ganz ängstlich
und können den Schuß nicht lassen, andere, als hätten sie in ihrem
letzten Leben auf mongolischen Pferden geritten. Dann traten die
Trompeter auf und die Komiker und die anwesenden Briten fanden
die wiederum nicht so komisch, wie sie da böhmische Tschechen
nachmachten, das könnte man sich in England mit den Iren nicht
erlauben, höchstens vor 50 Jahren, aber von denen Tschechen war
ja zum Glück keiner da und vielleicht hätten sie ja selbst gelacht,
jedenfalls waren viele Briten da, aufgrund der Tätigkeiten des Bräu-
tigams auf britischem Boden und insgesamt gefiel es den Briten aber
doch sehr, auch beim Bogenschießen konnten sie ja mitreden als alte
Bogennation, die schon im Hundertjährigen Krieg den Franzosen
das Fürchten beigebracht hatte und überhaupt Robin Hood. Dann
rotierte das Wildschwein am Feuer, doch kam auch die Nachricht,
daß Asterix und Obelix klein beigegeben haben sollen und im letzten Heft eben nicht mehr am Wildschwein essen, sondern ihr Fest
bei McDonald's steigen lassen, obwohl das doch klar eine römische
Erfindung war. Jetzt ist es spät und wir gehen mal ein wenig in der
Dunkelheit durchs Dorf, das tut gut, und noch ein Weg nach links
und eine Straße nach unten, die Brücke, merk es dir, ich merk es

mir, doch der Fluß wird länger, die Brücken wachsen ins Unend-
liche, man glaubt aus der Ferne noch das Lachen auf dem Schloß
zu hören, zumindest ein Glimmern davon, dann sind es Glühbir-
nen, dann ist es eine ganz andere Party in einem Plattenbau, das
Schloß kennt hier niemand mehr, wir ziehen weiter Kreise, aber
bald wissen wir nur noch, wo oben und unten ist, die restlichen
vier Koordinaten sind in den Fluß gefallen und schwimmen in die
Mulde, dann die Elbe, dann die Nordsee, das hilft uns alles nicht
weiter, das Schloß gibt es nicht, die Hochzeit war ein Traum, der
Traum eines Pärchens, das einmal vor zehn Jahren heiraten wollte
und es endlos verschoben hat, und wenn es dann doch stattfindet,
dann auf einem Schloß, das es nicht gibt, zumindest zeitweise nicht,
manchmal ist es ja doch da, wir müssen weiter durch die Dunkelheit, der Fluß schwillt an, hier helfen nur noch Zufälle, vielleicht
eine Bank zum Ausruhen, vielleicht drei betrunkene Jugendliche,
vielleicht der Weg über den Parkplatz und wie aus dem Nichts erhebt sich im Triumph der dunkle Bau des Schlosses, nein, das Fest
ist nicht vor 100 Jahren gewesen, nein, die Menschen sind noch alle
da und es ist nichts in Staub versunken, keine Ruinen, nein, die
Hochzeit geht weiter und wir dürfen im Innenhof noch einmal mit-
singen.

Am nächsten Tag glänzt der Himmel heiß und drei sächsische Wol-
kenschlösser spiegeln sich darin. Jetzt, nach fast zehn Jahren, bin ich
wieder in Wolkenstein, versuche die Puzzleteile der Erinnerung zu
ordnen, eine Lesung, ein Café, das geschlossen wurde, spurlos verschwunden, Runen auf einem Spielplatz, eine begeisterungsfähige
Bibliothekarin, mit deren Familie wir nach der Lesung in den Steinbruch gingen, um Kristalle zu finden. Stattdessen finde ich zuerst
eine Totenmaske vor, in einem kleinen Museum am Schloß, das die
Sachsen in den napoleonischen Kriegen zeigt. Es ist die Totenmaske von Napoleon selbst, die eine seiner Verehrerinnen, die Auguste
Charlotte Gräfin von Kielmannsegge hat anfertigen lassen. Sie wird
als Agentin des Kaisers bezeichnet und viele Legenden ranken sich
um sie in Dresden. So soll sie ihren Ehemann mit Kirschkuchen

vergiftet haben, sei von der Feme verurteilt worden und mußte daher ständig eine Kette und einen Strick um den Hals tragen. Das war aber wohl eine Verballhornung der Tatsache, daß sie ständig ein schwarzes Halsband trug, ein Geschenk des französischen Kaisers. Dann gibt es noch Geschichten um einen Diener, der sich Napoleon Bonaparte nannte und als uneheliches Kind der Gräfin und des Franzosen ausgab. Er soll sich aus Verzweiflung in der Elbe ertränkt haben. Der Gips der Totenmaske, sagt man mir, sei leider schlecht. Die Gräfin soll nach Napoleons Tod nur noch schwarz gekleidet umhergegangen sein. Sie war der Vergangenheit verschworen und sammelte Reliquien aller Art, die sie mit ihrem geliebten Napoleon verbanden.

Die Museumsfrau ist nicht unbedingt eine Verehrerin der Gräfin, dafür »bin ich umso mehr ein Fan der Königin Luise von Preußen.« Das war ein Mensch! Auf den Tafeln, die ihr Mann zusammengestellt hat, sehen wir die Marschrouten der sächsischen Armee: Jena 1806, Nordhausen 1806, Preßburg (Bratislava) 1809, Königsberg 1812. Das sind heute nur noch Mäusespuren im Schnee, aber was für eine Strapaze war es einmal.

Und nun schließt sich der Kreis: Im Schloß läuft uns die Bibliothekarin von einst über den Weg, sie stellt Filze aus und bietet Kurse im Filzen an. Das Café Baldy ist tatsächlich verschwunden, aber das Schloß sei in den letzten Jahren aufgeblüht, sagt sie. Auch die Bibliothek sei jetzt gut aufgestellt. Das ging nicht von selbst, muß man hinzufügen, sondern durch tatkräftige und begeisterungsfähige Leute.

Das zweite sächsische Wolkenschloß ist die Burg Scharfenstein, die wir einkringeln, erst mit dem Auto, dann zu Fuß, und es ist wohl die romantischste der drei Burgen. Die Fahnen schlagen im Wind und man fragt sich, was für eine Stimmung damit erzeugt wird. Am ehesten noch das von Schiffen, die mit flatternden Segeln über die Meere ins Abenteuer ziehen. Irgendetwas muß in unserer Psyche auf dieses Flattern antworten. Nicht zuletzt hat in Scharfenstein der sächsische Robin Hood gelebt. In der Burg zeigt man seine Utensilien, Stiefel und Brille – er hatte große Augenprobleme und war im

Alter halb blind –, auch die Steckbriefe, mit denen er verfolgt wurde. Was er an Wild raubte, teilte er mit den Armen, das sollte man nicht vergessen. Der Adel meinte, daß ihm die Welt gehöre, Stülpner gab es ihnen ordentlich zwischen die Rippen. Ein Defa-Film läuft auch und darin spielt Manfred Krug den Stülpner. Karl Stülpner war ein Volksheld zu DDR-Zeiten, er sollte es bleiben, denn den Bauern und Zwangsrekrutierten ging es schlecht. Er selbst kämpfte in der sächsischen Armee 1806 bei Jena (siehe Wolkensteiner Ausstellung) und konnte sich aus der französischen Gefangenschaft befreien. Seit 2000 schwebt er als Planetoid im Weltall herum. Es handelt sich um den von der Volkssternwarte Drebach (Erzgebirge) entdeckten Planetoiden 1998 YH$_{27}$. Er heißt heute (13816) Stülpner und hält sich zwischen Mars und Jupiter auf.

Unterhalb der Burg, die man auf einem schönen Rundweg erwandern kann, findet sich das Haus des ehemaligen Spinnereidirektors, nennt sich heute aber glücklicherweise Kälteerzeugungskleingerätemuseum. Was ist darunter zu verstehen? Wahrscheinlich Taschenkühlschränke für unterwegs. Obwohl heute genau solche Geräte nützlich wären, denn es ist immer noch heiß, ignorieren wir dieses Museum. Man stellt sich eiskalte kleine Mäuse vor, die von hier aus in die Welt ziehen, um der globalen Erwärmung zu trotzen. Wieder einmal versteht man Mark Twains Schwierigkeiten mit der deutschen Sprache.

Es gibt noch eine erzgebirgische Spielzeugausstellung im Schloß, mit vielen kleinen Wägelchen, unter anderem einen Mannschaftswagen aus der Nazizeit, dem man die Hakenkreuzfahne abgebrochen hat. Und dann die vielen Nußknacker. Denn wir sind im Reich der Nussknacker, das ganze Erzgebirge knackt nur so vor sich hin mit seinen starken Gebissen, während die Mausekönige sich in Kälteerzeugungskleingerätemuseen aufhalten. Man spürt förmlich die harte, sparsame Lebensweise der Einwohner in diesen Gebissen, die wie das Schicksal auf- und zuklappen. Als Nußknacker verwendete das Volk gerne Autoritäten wie Soldaten, Fürsten und Könige – sollen die doch unsere Probleme knacken …!

Wir kommen zur dritten, der Augustusburg, nachdem wir in Annett's-Eck gespeist haben. Eine gute kleinbürgerliche Vorbereitung für einen aristokratischen Anstieg. Bären und Raubvögel sind die Wappentiere, die hier auf der Burg hausten. Der letzte Bär im Zwinger der Burg wurde 1757 getötet und hängt jetzt als Totenmaske an der Wand, der Napoleon der Bären. Einen guten Eindruck macht das Motorradmuseum auf der Burg. Das Motorrad ist auch eine Art Wappentier, jedenfalls tragen Biker gerne Adler und Raubkatzen auf ihren Lederjacken. Im Gästebuch: »Wir die Suchtkranken von der Flugschule, haben uns gefreut, die einrichtung einmal verlassen zu können. 2006« und darunter: »Auch wir die suchtkranken aus der soteria leipzig haben uns gefreut, einmal unsere einrichtung verlassen zu können.« Des weiteren beschwert man sich über Eintrittspreise und daß der Fotoapparat hier kaputt gegangen sei, wahrscheinlich wegen der vielen Motorräder.

•|•

Das Fahrradschloß <small>(September 2010)</small>

Gegen halb acht aus dem Haus, es ist September, eine frische Kühle durchwirkt den Morgen. Mit der Bahn nach Saalfeld und dann muß man aufpassen auf die kleinen Bahnhöfe, die wie Zwerge an den Schienen liegen und zu schlafen scheinen. Den richtigen Zwerg gilt es zu wecken, das kleine bucklichte Männlein, das einen an den geheimen Ort führen soll, wo vielleicht der Schatz liegt, aber weckt man es zur falschen Zeit, dann wirft es einen den Felsen hinab! Ich suche aber keinen Schatz, sondern ein Schloß, das Burgk heißt oder heißt die Burg etwa Schlosz? In Oppurg steige ich aus, es liegt bei Pößneck, auch wenn das nicht viel weiterhilft. Der Nebel hat den kleinen Bahnhof überwachsen wie graues Herbstlaub, man muß hindurchrudern, bis man eine Würstchenbude entdeckt, in der gerade geheizt wird.

– Schloß Burgk? Nie gehört.

– Aber die Alleenstraße von Pößneck?

– Alleenstraße? Nie gehört. Fragen Sie mal den Mann dort.

Das ist das bucklichte Männlein auf dem Parkplatz, ganz bestimmt, es nickt, es schaut wissend und wiederholt doch nur dieses Wort, wie ein Vogel, Burgk, Burgk, Burgk, und schickt mich zum Kiosk zurück, der Mann vom Kiosk, der weiß

schon das meiste, der kennt doch die Burgen alle! Der aber kennt nur eine Burg, Oppurg. Das bucklichte Männlein schaut weiter, ob jemand aussteigt oder umsteigt, aber es ist niemand da, es wird auch niemand kommen.

Mit dem Rad durch die Septemberfelder und Septemberdörfer, mögen sie Nimritz heißen oder Solkwitz oder Rumpelstilz. Dann steigt Rauch über den Hügeln auf. Beim Näherkommen sind es die Nebelgeister, die sich von den Feldern erheben, der Dunst des Düngers, kein Mistgeruch leider, sondern vom Meer und seinen Mineralien. Dann Ziegenrück, eine der kleinsten Städte Thüringens, ursprünglich sorbisch: Czegenruck, was soviel wie Flußbogen heißt. 1945 starben hier auf dem Todesmarsch von Paska nach Ziegenrück 45 KZ-Häftlinge.

DAMMÜZSCH / THÜR.

An der Saale entlang radle ich in eine Sackgasse, die Zeit wird knapp, um vier muß ich auf Schloß Burgk sein und über Fahrräder sprechen, doch mein Fahrrad trägt mich woanders hin, an ein Kraftwerk von Vattenfall, und dann geht nichts mehr weiter. Im Wald wird es kühl und dunkel, ein paar Feuerwehrmänner zeigen mir, wo ich den Berg anfahren muß. Eigentlich ist alles nah, aber nur in Luftlinie. Da hat einer die Landkarte in die Hand genommen und zusammengeknüllt und jetzt ist die Burg plötzlich viele Kilometer verschoben. Aber kurz vor vier, die Einladende ist ziemlich nervös, tauche ich auf der Burg auf. Es ist der Tag des Fahrrads und in der Burg gibt es eine Ausstellung zur Geschichte des Fahrrads. Im Hof domptiert der Begründer des Fahrradjournals *Der Knochenschüttler* junge Leute auf dem Hochrad. Am ehesten, sagt er, fallen diejenigen um, die glauben, sie könnten es schon. Hochrad kommt vor dem Fall. Meine Lesung wird ein echter Höhepunkt. Zwei Zuhörer haben sich in dem kalten Schloßkeller eingefunden, dazu kommt der Fotograf von der Zeitung und die Organisatorin schickt noch ihre Tochter. Sämtliche Witze verpuffen in der Finsternis wie feuchte Wunderkerzen, die Kalauer müffeln im Raum wie Stinkmorcheln. Schweigen herrscht im Auditorium. Die Tochter bringt mich später nach Triptis zum Bahnhof. Im Eiscafé erzählt die Besitzerin, wie dieses Triptis heruntergekommen ist nach der Teilschließung der Porzellanwerke und anderer Industrie. Ihr Café ist eher ein sozialer Treffpunkt, meint sie, die Alten wissen nicht, wohin mit sich. Aber viele sind auch unruhig und schauen immer auf die Uhr oder klagen, daß sie ihre Serie »Sturm« heute nicht sehen können und morgen dann zwei Teile auf einmal sehen müssen.

Der Bahnhof ist überwachsen von Unkraut, die Lautsprecher hängen noch im Wind, aber Ansagen gibt es nicht mehr. Neulich, erzählt mir die Frau im Café, hat ein Besoffener eine Flasche auf die Bahnhofsuhr geworfen und sie zerdeppert. Der Bahnhof bat bei der Bahn um eine neue Uhr, doch man gab Triptis nur eine gebrauchte, mit dem Hinweis, wenn diese auch kaputt ginge, gebe es gar keine Uhr mehr. Dann aber wird Triptis im Zwiebelmuster der Zeitlosigkeit verschwinden.

Haifischzähne im Raum Halle (Oktober 2010)

Bevor wir auf diese Exkursion gehen mit Hämmern und Spaten, mit Kindern und Geologen, noch diese Erinnerung, die nur flüchtig aufscheint, wie wir nämlich mit einer russischen Freundin die Burg Colditz besuchten, jenes Gefängnis für Offiziere im Zweiten Weltkrieg, über das so viele Legenden kursierten und auch eine britische Fernsehserie, die ja endlos Touristen von der Insel heranlockte und jetzt wieder aufgefrischt werden muß, denn es kommen immer weniger. Dafür kommen nun andere, aus Polen, Frankreich und Rußland. Eine Gegenwelt entwickelte sich hier im Krieg, ein Pfadfinderspiel, das von den Deutschen mit geduldet wurde, diese Ausbruchsversuche, Verkleidungen, präparierten Türen und Schächte. Ich sehe das mit den Augen unserer russischen Freundin, diese andere Seite des Krieges, eine Art Insel für gefährliche Spiele

MULDE

inmitten einer trostlos-unmenschlichen Maschinerie, die damals über Europa und insbesondere auch Rußland walzte. Dann gingen wir nach Grimma, an der Mulde entlang, und brachten sie in das deutsche 19. Jahrhundert eines Göschen und Seume und wir sahen mit ihr die Verwandtschaft der Kulturen in Ost und West zu dieser Zeit, zumindest auf bestimmten Ebenen. Nachts durch den Wald mit dem Auto nach Leipzig und ein Wildschwein sprang über den Weg und unsere Russin war begeistert und erschrocken zugleich, denn ein Wildschwein hatte sie bislang nicht gesehen, und sie hatte den Eindruck, den wir natürlich gerne weiter verfestigten, daß Deutschland teilweise doch wilder war als Rußland. Als man mit mir durch Sibirien fuhr, haben die Russen auch immer mit glühenden Augen gefragt, ob ich nicht Angst hätte.

31.10.2010. 10.10 Uhr, vor 45 Millionen Jahren. Eozän: Atzendorf

Am Ende dieses goldenen Monats gingen wir auf eine weitere Expedition, wir waren etwa 30, mit Kindern, und wir fuhren zur Kiesgrube bei Atzendorf, schon lange wollte ich einmal in das Dorf der Atzen, das zwischen Halle und Magdeburg liegt. Unsere Geologen erklären uns die Schichten, die hier aufgeworfen wurden, es sind gleichsam Zeitberge. Die rötlichen und gelben sind eher jung, aber interessant seien diese grauen Hügel, denn hier handelt es sich um 45 Millionen Jahre. In diesem Schlamm aus der Tiefe, den Leipziger Forscher hinterlassen haben, sollen die Objekte unserer Begierde, die Haifischzähne liegen. Nun geht ein großes Kratzen und Graben los, die Kinder an erster Stelle, aber auch wir Alten lassen uns nicht lumpen.

Ihr müßt aber nicht immer so in die Tiefe gehen, sagt unser Leiter, die meisten guten Dinge finden sich an der Oberfläche. Wenn ihr immer buddelt, dann verdeckt ihr oft das Beste!

Wir werden vorsichtiger, finden aber trotzdem nur Schnecken und Muscheln, immerhin, das Meer war hier und hat seine Visitenkarte hinterlassen. Irgendwo platscht es auf einmal, einer der Jungen ist auf der Suche nach Drachen in einen Tümpel gestürzt. Mit wehendem Handtuch wird er zu den Autos gebracht. Zwei aus

Halle, Mutter und Tochter, sind aber fündig geworden und halten die begehrten Zähne in den Händen. Wir planen eine Presssekonferenz für morgen: »Haifischzähne im Raum Halle!«

12.20 Uhr, im Jahre 2009. Holozän: Nachterstedt

Das war das Jahr, in dem eine Häusersiedlung abrutschte: Nachterstedt am Concordia See. Seit hundert Jahren wurde dort nach Kohle gegraben und Abraum geschaffen, auf dem man Häuser baute, derweil verschiedene Schichten Grundwasser und Grubenwasser den Boden destabilisierten. Am 18. Juli 2009 um 4.40 Uhr bemerkten Anwohner ein leichtes Erdbeben, man hörte ein unterirdisches Grollen und wenige Minuten später begann der Erdrutsch. Wir stehen gegenüber in Schadleben und schauen über den See auf diese verrutschte Gemeinde, ein Opfer von Unachtsamkeit, Vergeßlichkeit und Ignoranz. Was werden künftige Generationen mit unseren Atomlagern machen, wenn die Pläne verschwunden oder nicht mehr lesbar sind, weil die Software längst obsolet geworden ist? Deshalb ist Nachterstedt eine Lektion für die Zukunft. Unser Geophysiker André hat einen Glasbehälter und Sand mitgebracht und errichtet nun vor unseren Augen den sandigen Abraum, auf dem die Häuser stehen sollen, während er in die Grube Wasser gießt, denn hier soll eine wunderbare Seen- und Ausflugslandschaft entstehen. Dann zeigt er uns die Wirkung der Kapillaren: wie das Wasser höher als der Wasserspiegel steigt, gegen alle Schwerkraft! Die Kinder dürfen ein Färbemittel, Uranit, hineinträufeln, dann sehen wir ein giftgrünes Fädchen, das nach oben wandert und allmählich den Sand durchsickert. Nun ein kleines Erdbeben, ein Klopfen an die Seite, und die Rutschung beginnt und nicht lange, dann ist die ganze Sandstruktur im Wasser. Er zeigt uns auch noch die tiefere Begründung, die in der molekularen Struktur von Sand liegt. Körnchenberge sacken viel schneller zusammen als Berge von ungehobelten, ungleichmäßigen Steinen oder Krümeln, weil sie nur jeweils einen Kontaktpunkt zum nächsten Körnchen haben. Daraus lassen sich viele Schlüsse ziehen – selbst gesellschaftlicher Art: sei lieber ungehobelt und habe viele Freunde und Bekannte als glatt zu sein und nur wenig Freunde zu haben. Sei kein Haufen aus Senfkörnern oder Billiardkugeln, sondern lieber einer aus verschrumpelten Äpfeln oder einfach Split, dann bläst man dich nicht so leicht um. Sei unregelmäßig, unberechenbar.

Wir fahren über Dörfer, die man sich auf der Zunge zergehen lassen muß, nämlich Frose, Hoym und Ballenstedt, zur Roseburg, denn nichts ist inspirierender als die Poesie unbekannter Ortsnamen. Darin tun sich Landschaften auf, aus der Kindheit vielleicht, als fast die ganze Welt so ein unbekannter Ort war, durchsetzt mit den wenigen Lauten, die man schon kannte. Doch was verbarg sich hinter Rosenau, Nateln, Dinker, Berwicke oder Stocklarn? Später kommt die Bewunderung hinzu für die Verschiedenheit des Sprachbaus: Mit welch unterschiedlichen Formeln die Menschen die Welt immer wieder deuten. Derweil warten wir in der Roseburg auf den Fisch.

14:30 Uhr, im Jahre 1905. Holozän: Roseburg

Ein Schloß namens Roseburg, gerade 100 Jahre alt, von einem Theaterarchitekten in die Landschaft gesetzt mit wunderbarem Ausblick auf die Ebene einerseits, auf den Brocken andererseits. Ein kleines Italien im Harzvorland, Tivoli möchte man denken, aber eigentlich amerikanisch. Solche Wunderwerke setzen sich normalerweise amerikanische Tycoons in die Prärie oder an die kalifornische Küste, irgendwo am Ende der Geschichte, und meist sind es gemütskranke Millionäre, die in Europa waren und von dort mit unheilbaren Gedanken an das Mittelalter zurückkehrten. Der Architekt Bernhard Sehring (1855–1941) macht keinen glücklichen Eindruck, wenn man von der Schloßanlage, den neckischen Putten und Säulen im Park und von den Wasserspeiern ausgeht. Sehring hat in Berlin das Theater des Westens und in Bielefeld das Stadttheater gebaut, aber hierhin zog er sich zurück, in diesen Traum vom Mittelalter mit italienischen Renaissanceeinschlägen. Nur gut, daß man im Traum alles machen darf. Er muß von 1907 bis in die zwanziger Jahre an diesem Schloß gebastelt haben. Der Turm scheint

ROSEBURG

erst am Ende fertig geworden zu sein, das Material ist billig und schlecht geworden, grobkörniger Kiesbeton, Panzersperren wurden als Zinnen aufgesetzt – aber das vielleicht erst nach dem Zweiten Weltkrieg? Denn am 7. Oktober 1955 zog die LPG in das Schloß und verwandelte den Obstgarten in eine Hühnerzucht. Die Putten schauten etwas dumm zu, als die Puten gackerten und das Schloß Eier legte. Später übernahm der Kulturbund der DDR die Anlage, dann kamen die Steyrer Missionare und jetzt gehört das Schloß einem Berliner Unternehmer. Die Roseburg ist, wie ihr Name sagt, ein Traum, der aber von der Brutalität des Zeitalters unterbrochen wurde. Zuletzt errichtete man Panzersperren gegen die Gegenwart, aber sowas kann nicht lange halten.

Die Sonnenuhr vor dem Turm sagt: Mich regiert die Sonne, euch der Schatten, *me sol vos regit umbra.*

Zum Auslauf des Mesozoikums, des Erdmittelalters, kurz vor Abgabe des Staffelstabs von den Dinos an die Säuger, fahren wir bei Sonnenuntergang hin, späte Affen, die wir sind, zur Teufelsmauer bei Wedderstedt/Quedlinburg, Es handelt sich um das älteste geschützte geologische Objekt in Deutschland, denn viel älter als der Teufel kann nicht vieles sein. Zugleich ist es der spektakulärste Geotop in Sachsen-Anhalt. Da sehen wir plötzlich aus der Ebene etwas aufsteigen wie riesige Pappeln, wie versteinerte Rauchsäulen, die bald 80 Meter hoch in den Himmel ragen. Schwarz sammeln sie die Dunkelheit, die ansonsten noch verstreut über der Gegend ist, doch wenn man näher kommt, sieht man: Es sind Felsen. Ein sandiger Weg führt hinauf, an ihnen entlang, man hat einen schönen Blick auf den Brocken, Thale mit seinem Hexentanzplatz ist nahe, Ferienstimmung macht sich breit, und da es Sand ist, in den sich die Felsen aus Sandstein allmählich auflösen, kommt Ostseestimmung auf und der Wind tut das seine. Mit einem Mal stehen wir am urzeitlichen Meer. Der Legende nach wollte der Teufel eine Mauer bauen und er wollte bis zum ersten Hahnenschrei damit fertig werden. Doch in der Frühe kam eine Bäuerin vorbei, die trug einen Hahn im Korb. Sie erschrak, als sie den Teufel bei seiner Arbeit sah, ließ den Korb fallen, der Hahn krähte und der Teufel brach sofort seine Arbeit ab. Und jetzt steht da diese unfertige Mauer, die immer weiter dahinbröselt. André hat leider noch eine andere Erklärung: die Mauer wurde gar nicht vom

Teufel gebaut, sondern ist das Resultat geologischer Verschiebungen der Kreidezeit, als nämlich das Harzgebirge sich aufstapelte und diese Felsen aus dem Boden herausdrückte. André ist unser größter Goethekenner. Er ist ganz aufgeregt, als ich ihm eine Tafel zeige: *Johann Wolfgang von Goethe weilte im September 1784 zu geologischen Studien an der Teufelsmauer.* André kennt doch alle Orte, wo Goethe und Novalis gegraben haben, aber diesen kannte er nicht. Lange nachdem die Goethetafel zerfallen sein wird, wird man aber eine andere Tafel finden, mit der letzten Nachricht aus dem Holozän: Der Arbeitskreis für Vergleichende Mythologie e.V. weilte im Oktober 2010 zu mythologischen und geologischen Studien an der Teufelsmauer.

TEUFELSMAUER

Die Schranke (August 2011)

FINDE EINE SCHLEIFE FÜR DEN SCHLUSS, HIESS DER AUF-
trag, und ich fuhr schleifenförmig durch Leipzig, auf der Suche
nach der Abrundung. Leibniz beschäftigte sich mit Schleifen und
Falten, Möbius untersuchte Strumpfbänder und entdeckte die End-
losigkeit. Doch hier geht es um das Ende, die Schleife soll geknotet
werden. In solchem Fall hilft nur der Zufall: etwas fällt auf einen
zu, etwas fällt zu Boden und man muß es nur aufheben. Der Fall
kam an einem Sonntagnachmittag, an dem das Wetter und die Welt
nicht eindeutig zu definieren waren, eine unklare Verlautbarung der
Jahreszeit und auch die wohlinformierten Quellen schwiegen. Im
Stadtgeschichtlichen Museum ging die Ausstellung eines Leipziger
Malers namens Müller-Simon zuende. Ich hatte vor einigen Tage
hineingeschaut, das waren Bilder, die mir gefielen, sie strahlten, obwohl sie oft ein tristes Leipzig zeigten. Sie zeigten überhaupt nur
Leipzig, den Osten, einen Puppenkasten mit umgefallenen Haus-
klötzen, die gestürzte Paulinerkirche, aber auch einen schönen Augustusplatz ohne Menschen und Milchtöpfe, Häuser im Schnee,
leuchtende Fassaden. Manche Plätze sahen aus wie Paris, Rom oder
London, manche Bilder stammten aus dem 19. Jahrhundert, manches Licht war das von William Turner. Leipzig entwickelte Kalk-
felsen und Klippen, war Meeresküste und Felslandschaft, oszillierte
zwischen Megalithen und einem unbekannten Jahrhundert. Die
Museumsfrau sagte, daß Müller-Simons Bilder Harmonien in einen
Raum brächten, das hätte ihr schon mancher Firmenchef gesagt:
wenn eine schwere geschäftliche Verhandlung anstünde, dann lasse
man sie absichtlich in einem Raum stattfinden, in dem ein Bild von
diesem Maler hänge.

An diesem Sonntag also gehe ich wieder hinein, es ist die letzte
Stunde dieser Bilder in diesem Zusammenhang. Sie haben in den
vergangenen Wochen ein magnetisches Feld in der Stadt erschaffen.
Leider ist der achtzigjährige Künstler nicht dabei, ich hätte auch
nicht gewußt, was ich ihn hätte fragen sollen, und er war ja in seinen

Bildern präsent. Es bleibt aber immer der Wunsch, den Schöpfer zu sehen, und das hat fast einen Abglanz von Religion. Als ich hinausgehe, sehe ich in einem Café eine alte Freundin aus westfälischen Zeiten. Sie ist gerade aus Soest eingetroffen und sitzt nun mit ihrem Leipziger Freund in der Sonne. Ich dränge, ja, zwinge die beiden förmlich, mit dem Katalog wedelnd, sich diesen Müller-Simon anzusehen: eine halbe Stunde Zeit ist noch! Sie lassen sich bewegen und die Frau, die ich noch aus den 1970ern als Buchhändlerin in Soest kenne, sagt, es sei doch merkwürdig, daß sie sich von einem Oestinghauser in Leipzig zu einem Leipziger Maler bringen lasse (wo doch Oestinghausen nur ein kleines Dorf im Kreis Soest ist, tiefer kann man gar nicht sinken, sage ich mir). Den Katalog lege ich unter meinem Rucksack in den Fahrradkorb, grundlos, aber nicht ohne Folgen. Warum ich ihn nicht in den Rucksack tat, weiß ich nicht, vermutlich aus Trägheit und um der Tatsache zu huldigen, daß es trocken ist und die Sonne entgegen aller Wetterlegende herausgetreten ist. Zwei Stunden später fahre ich über einen Parkplatz in Stötteritz, der sonntags durch Schranken abgesperrt ist. Man kann sich jedoch mit dem Fahrrad hindurchzwängen. Das versuchte ich, während eine vierköpfige Familie von der anderen Seite aus genau dasselbe versuchte. Es endete mit Gelächter. Mein nachlässig im Korb liegender Rucksack war von der Schranke aufgegabelt worden und baumelte in der Luft, im Korb war jetzt der Katalog zu sehen. Da riefen die Eltern gleichzeitig: »Müller-Simon!« Ich erklärte ihnen die Sachlage, sie sagten, das ist ein guter Freund von uns, wir geben Ihnen seine Telefonnummer, wenn Sie wollen, er ist sehr freundlich. Die Frau schrieb ihren Vornamen hin und ihre Nummer. Ich sagte, meine Tochter heißt auch so.

– Ja, sagte sie, ich komme aus Italien.

– Und woher?

– Aus Ligurien.

– Da fahr ich jedes Jahr hin.

Und so weiter. Eine Möbiusschleife eben, die sich aus den magischen Bildern des Künstlers entwickelte oder hätte entwickeln können. Aber all dies wäre nicht ohne die Schranke, die Verengung, das Innehalten passiert. Wir hätten ja bequem auf der Straße an-einander vorbeiradeln können. Notwendig war erstens mein Besuch im Museum, zweitens der Kauf des Katalogs, die Lage des Katalogs im Korb und der geliftete Rucksack. Schließlich das raumzeitliche Phänomen der Schranke. Die Schranke und das Ende haben ja dies gemeinsam: Man kann etwas aus ihnen machen. Unbegrenzte Zu-fälle werden an diesen Stellen endlich. Das Universum, habe ich mir sagen lassen, soll ebenfalls endlich, aber unbegrenzt sein.

•|•

Nachbemerkung

Einige Texte sind in anderer Form in folgenden Publikationen erschienen:

- Rausch der Reise: Basel. Futurum 2012

- Muschelsuche mit Hund: Info3, 2006

- Leipziger Lerchen und Schleifen: Nico Stringa e Elisa Prete (eds.), Il Vasaio Innamorato. Scritti per gli 80 anni di Alessio Tasca (Festschrift für den italienischen Bildhauer Alessio Tasca). Edizioni Canova, Treviso 2010, 284–294

- Tausend Teiche: Liaisons 3 (2010)

Inhaltsverzeichnis

Erschienen in der Kleinen Leipziger Bibliothek:

Erdmann Gräser
Leipzig – wie ich es sah

Aufzeichnungen eines Flaneurs

Entdeckt von
Wolfgang U. Schütte
Mit einem Vorwort
von Joachim Nowotny
und Fotografien von Paul Wolff

112 Seiten, gebunden
ISBN 978-3-937799-13-1
12,00 Euro

Lene Voigts Kochbuch

Ein sächsisch-böhmisches
Koch- und Lesebuch
mit Texten rund ums Essen
von Lene Voigt
und vielen Illustrationen

128 Seiten, gebunden
ISBN 978-3-928833-20-2
14,00 Euro

1. Preis der Stiftung Buchkunst im Wettbewerb
»Die schönsten deutschen Bücher 2005«

Mit einem Reh kommt Ilka ins Merkur

Leipziger Gedichte
Herausgegeben von Frauke Hampel und Peter Hinke
Illustriert von Thomas M. Müller
und mit einem Essay von Andreas Reimann
Über 80 Autoren kommen zu Wort: u.a.
Erich Kästner, Lene Voigt, Joachim Ringelnatz,
Volker Braun, Wolfgang Hilbig und Angela Krauß.

252 Seiten, schön gebunden, mit Schutzumschlag
ISBN 978-3-937799-07-0
22,00 Euro

Rössing-Preis 2012 für
»das schönste Textbuch über die Stadt Leipzig«

Andreas Reimann
Bewohnbare Stadt

Leipzig-Gedichte
Mit Zeichnungen von Rainer Ilg

88 Seiten, schön gebunden, mit Schutzumschlag
ISBN 978-3-937799-38-4
15,00 Euro